▪ 中共安徽省委党校（安徽行政学院）资助出版 ▪

企业探索型创新的
债务融资效应研究

陈小运◎著

中央党校出版集团
国家行政学院出版社
NATIONAL ACADEMY OF GOVERNANCE PRESS

图书在版编目（CIP）数据

企业探索型创新的债务融资效应研究 / 陈小运著 .

北京 : 国家行政学院出版社，2024. 9. -- ISBN 978-7
-5150-2941-2

Ⅰ. F279.23

中国国家版本馆 CIP 数据核字第 2024601EE3 号

书　　名	企业探索型创新的债务融资效应研究	
	QIYE TANSUO XING CHUANGXIN DE ZHAIWU RONGZI XIAOYING YANJIU	
作　　者	陈小运　著	
统筹策划	陈　科	
责任编辑	刘　锦	
出版发行	国家行政学院出版社	
	（北京市海淀区长春桥路 6 号　100089）	
综 合 办	（010）68928887	
发 行 部	（010）68928866	
经　　销	新华书店	
印　　刷	中煤（北京）印务有限公司	
版　　次	2024 年 9 月北京第 1 版	
印　　次	2024 年 9 月北京第 1 次印刷	
开　　本	170 毫米 ×240 毫米　16 开	
印　　张	11.5	
字　　数	168 千字	
定　　价	48.00 元	

本书如有印装质量问题，可随时调换，联系电话：（010）68929022

技术创新是推动经济增长的引擎，党的十九大报告明确提出，创新是建设现代化经济体系的战略支撑；党的二十大报告指出，坚持创新在我国现代化建设全局中的核心地位。将创新地位提升到前所未有的国家战略高度。金融是现代经济的核心，构建服务于实体经济和科技创新的现代金融体系是切实推动经济高质量发展、实现科技创新强国目标的关键。当前，我国金融体系需要更多地向以创新为增长引擎的高质量经济发展的需求倾斜，更多地向科技型创新企业倾斜资源，大力发展金融市场支持核心技术创新的能力。基于上述背景，本书聚焦于债务市场，以企业创新行为差异为切入点，旨在通过研究探索型创新（非改进型）对企业债务融资的影响，分析我国金融市场的资源配置效率和服务实体经济高质量发展的能力。这将不仅为创新与金融市场相关研究提供来自新兴经济体的经验证据，同时还有助于金融机构、投资者、监管部门更好地理解探索型创新的内涵和作用，对进一步深化金融供给侧结构性改革，助力经济高质量发展具有重要的启示意义。

本书借鉴 Allen 等（2019）关于正式金融和非正式金融的研究框架，将债务融资分为正式金融融资和非正式金融融资。正式金融融资指银行借款和债券发行，非正式金融融资主要指商业信用、私人借贷等负债。在此基础上，全面研究企业探索型创新对正式金融融资（银行信贷、债券发行）和非正式金融融资（商业信用）的影响。我国是以银行为主导的金融体系，银行机构承担着实体经济资源配置的重要功能，其是否以及如何理解企业创新行为就成为重要的理论与现实问题。为此，本书首先考察我国商业银行是否关注企业创新，是否具备甄别企业创新差异的能力，进而调整其对

企业探索型创新的债务融资效应研究

探索型创新企业的信贷决策。研究结果发现，探索型创新程度越高，企业获得的银行借款越多，表明总体上银行关注了企业创新行为的差异，并为探索型创新程度高的企业提供了信贷支持。进一步地，考虑到企业所处的内外部环境会影响探索型创新对银行信贷决策的作用效果，从宏观、中观、微观层面，多角度地分析了企业探索型创新对银行信贷决策影响的异质性。检验结果表明，在国有企业、属于弱竞争行业以及处于要素市场发展水平较高的地区企业，探索型创新对银行信贷的积极作用更为明显。最后，影响机制分析表明，探索型创新通过影响银行对企业未来盈利的预期和长期价值投资者的关注两种机制作用于银行信贷决策。一方面，企业实施探索型创新意味着长期稳定的垄断收益和获得市场优势地位，这能够提升银行对企业未来盈利的预期进而促使银行为这类企业提供信贷资金支持；另一方面，探索型创新会吸引长期价值投资者的关注与持有，能够有效降低企业信息不对称和监督成本，从而提高银行为探索型创新企业提供信贷支持的意愿。总之，实证经验结果表明，商业银行为企业探索型创新提供了信贷支持。

公司发行债券也是获取外源融资的重要渠道之一。通过债券市场融资，不会影响企业权属关系，并能够显著降低企业融资成本，从而有利于企业将更多精力和资源集中于技术研发和发展创新。为此，本书紧接着考察我国债券市场投资者是否关注企业创新，并给予高质量的探索型创新较低的风险溢价。研究结果发现，企业探索型创新程度越高，其债券发行成本越低。总体表明债券市场投资者将探索型创新活动视为价值增长的积极信息，从而使探索型创新程度高的企业获得了较低的债券发行成本。进一步研究发现，企业探索型创新对债券发行成本的影响会受到不同因素的影响，在成长性较高的企业、产业政策支持的行业以及要素市场发展和金融契约执行效率较高的地区，探索型创新程度高的企业获得了更低的债券发行成本。此外，深入分析探索型创新对债券发行成本的作用路径，发现企业探索型创新通过影响评级机构对债券信用评级和分析师关注这两条路径作用于债券发行成本。中介效应检验表明，债券信用评级和分析师关注在企业探索型创新影响债券发行成本中起到了部分中介的作用。总之，实证检验结果支持了企业探索型创新具有降低公司债券发行成本的效应。

我国信贷市场存在较为明显的"所有制歧视"和"规模歧视"，大量信贷资金流向了大型国有企业，中小民营企业较难获得银行贷款。以关系和声誉为基础的非正式金融融资成为企业重要的替代性融资来源。商业信用这一非正式金融融资作为企业融资来源已得到众多研究的验证。那么，鉴于非正式金融在我国企业融资结构中的重要地位，在我国制度背景下考察探索型创新对债务融资影响，不仅要关注银行借款、债券发行等正式金融融资，还应该关注商业信用等非正式金融行为。因此，本书最后考察了企业探索型创新对其商业信用融资的影响及其影响机制。研究结果表明，企业探索型创新程度越高，商业信用水平越低。进一步地，从微观、中观、宏观的角度，分析企业探索型创新对商业信用使用的影响效果在不同情境下的差异，结果发现，在成长性较高、竞争程度较低的行业以及宏观经济处于下行时期，探索型创新对商业信用融资的降低作用更为明显。深入分析企业探索型创新对商业信用的影响机制发现，企业探索型创新主要通过提高企业对正式金融融资的可得性，包括银行借款和债券发行这两条路径作用于商业信用。中介效应检验表明，银行短期借款和应付债券在探索型创新对商业信用的影响中发挥了部分中介作用。这一结果表明，商业信用主要体现为"替代性融资效应"，与以往的研究结论基本一致。

本书立足于我国现实制度背景，考察企业探索型创新对其债务融资的影响及其内在影响机制，研究的贡献主要在于以下三个方面。

第一，特别关注了企业创新行为的异质性，从债权人角度考察企业探索型创新对其债务融资的影响，这不仅丰富了创新经济后果的文献，而且将创新研究从整体层面细化到类别层面。以往关于企业创新的文献大多集中于影响因素研究，对创新经济后果的研究较为缺乏，且对创新的关注多为投入金额、产出数量、绩效层面的分析，鲜有探讨创新类型的差异。另外，本书根据上市公司创新专利分类号，构建了企业探索型创新指标，研究发现探索型创新能够显著提高企业正式金融融资（银行信贷和债券发行）

水半，同时降低对非正式金融（商业信用）的使用。本书的研究为企业探索型创新对金融市场资源配置的影响提供了经验证据，有助于金融机构、投资者、监管部门更好地理解探索型创新对债务融资的影响机理。

第二，研究结论提供了来自新兴市场有关企业创新对金融市场资源配置影响的经验证据，将对创新与金融的相关文献进行补充。银行信贷决策的考量因素是银行信贷领域的重要议题，创新活动对银行信贷决策的影响在近年来引起了西方研究者的关注，但这些基于美国上市公司创新活动与银行契约之间的实证研究，尚未达成一致结论，并且已有研究也未考虑企业创新行为的异质性。不同于西方国家的金融体系，我国是以银行为主导的金融体系，银行机构的信贷契约能否反映企业创新价值、识别企业创新差异，尚未引起国内学者关注。同时，债券市场投资者是否关注企业创新、识别企业创新差异，进而给予合理定价，现有文献也未提供答案。

第三，立足于我国制度背景研究企业探索型创新对其债务融资行为的影响，为金融供给侧改革提供了一个直观的视角和经验证据。同时，也为我国银行机构助力企业创新发展的专利试点融资项目以及交易所债券市场功能的充分发挥，进一步提升创新创业债券的融资效率等经济工作提供了一定的理论依据和政策完善方向，这对于我国"双循环"经济格局下如何提高对突破性创新的资源配置效率以提升国内循环的"向上发展"和国际循环的"国际地位"具有重要启示意义。

目录

XL
绪论

1
第一章　文献综述

2
第二章　制度背景与理论基础

3

第三章　企业探索型创新与银行信贷决策

4

第四章　企业探索型创新与公司债券定价

5

第五章　企业探索型创新与商业信用融资

6

第六章 研究结论与启示

绪　论

一　研究背景、研究问题与研究意义

（一）研究背景与研究问题

自熊彼特以来，经济学家们一直认为技术创新是推动经济增长的关键因素。正如William（2002）指出，美国经济的增长在很大程度上可以归因于企业的重大创新。同样地，创新也是促进我国经济持续健康增长的内在动力。我国经济增长模式和发展阶段发生了巨大变化，已从低成本的高速增长阶段过渡到高质量发展阶段。为了更好地适应我国经济发展阶段变化以及错综复杂的国际环境变化，党的十九届五中全会提出，要加快构建以国内大循环为主体、国内国际双循环相互促进的新发展格局。独立自主的科技创新是解决生产体系内部循环不畅和供求脱节以及关键核心技术"卡脖子"问题的关键，同时也是应对外部环境变化挑战，提升经济发展的自主性、可持续性，塑造我国在国际大循环中主动地位的关键。然而，在现实中推动企业科技创新并非易事。一方面是由于创新的外部性问题，另一方面是创新需要大量的资金和面对极大的不确定性。因此，缓解企业创新困境、助力经济高质量发展，需要政府引导和市场激励作为支撑。

在中央政府强有力的政策助推下，中国的创新能力不断提高、全球创新排名显著提升。世界知识产权组织指出，中国的全球创新指数排名，从

2018年的第17位升至2024的第11位，是中等收入经济体中唯一进入前30名的国家，中国在本国人专利、工业产品外观设计和商标申请量以及高科技和创意产品出口方面均名列前茅。但相比于在专利申请、知识产权收入和高端技术产品生产方面都处领先地位且创新成果转化效率极高的第一梯队的发达国家来说，中国原始创新能力较为欠缺，在关键核心技术领域仍遭受"卡脖子"的困境。在政府驱动的创新蓬勃发展背后，潜藏的风险和弊端也开始逐渐显现。大多数企业扭曲了政策资助动机，创新活动更多是一种重数量、轻质量的策略性创新，呈现低质量创新专利激增的"创新繁荣"假象（黎文靖和郑曼妮，2016；张杰等，2016；毛昊等，2018；张杰和郑文平，2018）。在市场高度关注创新的知识经济时代，企业创新质量直接关系到创新驱动经济发展战略的成败，同时也影响国家的核心竞争力。低质量的创新专利激增不仅难以产生正向的创新溢出价值，反而可能挤占具有突破性的发明创造所需资源，扭曲创新市场的信号效应，最终不利于我国经济的可持续发展。因此，提高我国企业技术创新原动力和知识产权质量亟须市场发挥更多的作用，借助市场机制甄别出创新质量的差异，引导资源流入以突破性创新为主的高质量创新企业中，淘汰低质量的创新，是当前促进国内经济高质量发展、国际经济分工地位稳步提升的重要基础。

金融是现代经济的核心，是实体经济的血脉。良好的金融体系具有筛选和评估优质创新企业、分配资源、监督经理人等功能，能够有效促进创新资本积累（Schumpeter，1991），促进经济增长和繁荣。在我国向以轻资产为主的创新经济体转型的过程中，金融体系以往支持重工业为主的经济模式的适用性变弱。当前，我国金融体系需要更多地向以创新为增长引擎的高质量经济发展的需求倾斜，更多地向科技型创新企业倾斜资源，大力发展金融市场支持核心技术创新的能力。换言之，金融体系必须具备为创新企业提供有效融资的功能，引导资源流入高质量的创新企业中，才能更好地服务于经济结构转型时期的实体经济发展。因此，我国金融体系能否对高质量创新企业提供有效支持以适应实体经济的供给侧结构性调整，是一个重要且亟待研究的问题。

既有相关研究侧重于考察影响企业创新的内外部因素以及这些因素如何影响管理层的创新意愿与能力，包括管理层个人特征（Galasso & Simcoe，2011；Custódio et al.，2013）、内部治理因素（Dutta & Fan，2012；Balsmeier et al.，2017）、资本市场中介（Aghion et al.，2013；He & Tian，2013）、产品市场和银行业竞争（Aghion et al.，2005；Cornaggia et al.，2015）以及宏观法律制度环境（Acharya & Subramanian，2009；Lerner，2009；倪骁然和朱玉杰，2016；权小锋和尹洪英，2017）等。本质上来说，激励企业创新的最终目的是提高企业价值、促进经济增长，因而研究企业创新的真实经济后果很有必要。然而现有对创新经济后果的研究较为缺乏（He 和 Tian，2018），相关文献主要从股票收益、债务契约以及并购决策角度考察企业创新活动的经济后果（Lev & Sougiannis，1996；Matolcsy & Wyatt，2008；周铭山等，2017；Chava et al.，2017；Mann，2018；Bena & Li，2014）。总之，大多数文献是从创新整体层面出发，如投入金额、产出数量、绩效等，鲜有关注企业创新行为的差异以及该差异对利益相关者经济决策产生的影响。事实上，企业创新行为之间存在较大差异，如探索型创新和改进型创新。探索型创新是具有突破性的创造发明，能够提高企业长期价值、核心竞争力和声誉，改进型创新是以模仿现有新兴产品为主，追求短期利益的模仿性创新（March，1991；Manso，2011）。本书考虑创新行为差异的事实，旨在通过研究探索型创新（非改进型）在金融市场上的融资情况，研究我国金融市场的资源配置效率和服务实体经济高质量发展的能力。因此，本书聚焦债务市场，围绕探索型创新来考察其对正式金融融资（银行信贷和债券发行）和非正式金融融资（商业信用）的影响及其内在影响机制，并进一步地从宏观、中观、微观角度分析探索型创新对正式金融融资、非正式金融融资的影响在不同情境下的差异。

之所以选择债务市场作为研究场景，主要有如下原因：（1）不同于西方金融制度环境，我国是以银行为主导的金融体系，银行机构承担着实体经济资源配置的重要功能，其是否以及如何理解企业创新行为就成为重要的理论与现实问题。随着银行业市场化改革的不断深入，商业银行的服务能力和效率大幅提升，银行机构较之资本市场可能更具有专业的信息收集、处理能力，更能准确地评估创新企业的风险与价值。创新是企业价值创造的源泉，在知识经济时代下知识产权等无形资产逐渐成为很多企业最具价值的资产之一，从而使得专利质押等融资方式应运而生，并成为西方发达经济体中企业创新的重要融资方式之一。但是，中国银行是否关注企业创新，具备甄别企业创新差异的能力，并据此调整其对创新企业的信贷决策？现有文献并未提供答案。（2）与股权融资不同，债务融资不影响企业权属关系，这对处于高成长时期的科技创新企业来说尤为重要，使得企业能够兼顾外部融资可得性与决策执行效率，有利于企业将更多精力和资源投入技术研发和创新。原因在于，债务融资不会增加企业决策的协调成本，有助于企业及时把握瞬息万变的市场机会，快速调整研发思路和创新方向，进而促进企业快速增长，同时，债务融资会使企业的成长性收益最大限度地内在化，减少利润的外流，有助于企业集中资源投入创新，提升企业核心竞争力，实现可持续发展。因此，借助债券发行这一直接融资方式，不会影响权属关系，还可以降低企业融资成本，从而有利于企业创新发展。已有基于西方国家的经验研究也证实了这一点。那么，在我国债券市场快速发展、大力支持企业创新创业的背景下，研究我国债券市场投资者是否以及如何理解高质量的探索型创新具有理论意义和现实价值。（3）我国信贷市场存在较为显著的"所有制歧视"和"规模歧视"现象，大量信贷资金流向了大型国有企业，中小民营企业较难获得银行贷款（张杰等，2013）。面对信贷配给的融资困境，以关系和声誉为基础的非正式金融融资成为企业重要的替代性融资来源（Allen et al.，2019）。其中，商业信用这一非正式金融融资作为企业融资特别是短期融资的来源已得到众多研究的认同。因此，鉴于非正式金融在我国企业融资结构中的重要地位，在我国制度背景下考察探索型创新与债务融资关系时，不仅要关注银行借款、债券发行等正式金融融资，还应关注商业信用等非正规金融行为。然而，目前鲜有研究考察企业创新特别是探索型创新如何影响其商业信用使用。

　　本书基于我国制度背景和研究现状，以企业创新行为的差异为切入点，研究企业探索型创新（非改进型创新）在债务市场上的融资情况。具体而言，债务融资可分为正式金融融资与非正式金融融资。正式金融融资指银行借款和债券发行等负债，而非正式金融融资主要指商业信用、私人借贷等负债（本书仅考虑商业信用）。为此，本书首先考察企业探索型创新对正式金融融资（银行信贷）的影响，并从宏观、中观、微观层面，多角度分析企业探索型创新对银行信贷决策的影响效果在不同市场化发展水平、行业竞争度以及企业产权性质下的差异。在此基础上，深入探究探索型创新影响银行信贷决策的内在机理，以期更好地理解探索型创新在银行信贷契约中的风险与价值信息。其次，考察企业探索型创新对正式金融融资（公司债券定价）的影响，并从宏观环境、中观行业、微观企业角度，分析市场化发展水平、是否属于产业政策支持行业、企业成长性对探索型创新与公司债券定价之间关系的影响。然后进一步探究探索型创新影响公司债券定价的内在路径。最后，考察企业探索型创新对非正式金融融资（商业信用）的影响，并从宏观、中观、微观层面进一步研究经济周期、行业竞争度以及企业成长性对探索型创新作用于商业信用融资效果的影响。在此基础上，通过研究正式金融融资（银行信贷、债券发行）在企业探索型创新影响商业信用融资路径中发挥的作用，观察正式金融融资与非正式金融融资之间可能存在的"替代"或"互补"关系。具体研究内容框架见图1-1。

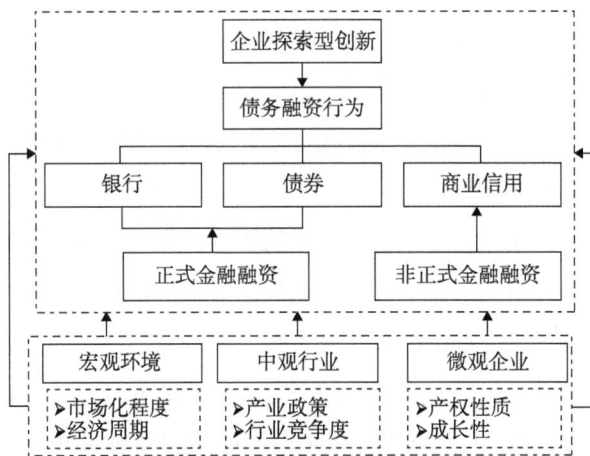

图1-1　本书研究内容框架

（二）研究意义

本书基于我国制度环境，以企业创新差异为切入点，研究企业探索型创新对其债务融资的影响，以此来考察我国金融市场对创新企业的资源配置效应。

从理论意义上来说，突破有三。第一，以往有关创新的文献主要集中于对企业创新影响因素的研究，对创新价值及其经济后果的研究较为缺乏。与此前为数不多的企业创新经济后果的研究不同，本书突破了以往研究从投入金额、产出数量、效率对企业创新的刻画，重点关注了企业创新的差异，即探索型创新和改进型创新。在此基础上，本书利用专利技术分类号构建了企业探索型创新指标，从债务融资的视角考察了企业探索型创新的经济后果，从而有益地扩展了有关企业创新经济后果方面的文献。

第二，本书将债务融资分为正式金融融资和非正式金融融资，从正式金融融资（银行信贷、债券发行）、非正式金融融资（商业信用）两方面考察了企业探索型创新对其债务融资的作用，同时进一步分析了探索型创新影响债务融资的机制，以及在宏观、中观、微观不同特征环境下，探索型创新影响其债务融资效果的差异。此外，通过正式金融融资（银行借款、债券发行）在企业探索型创新影响非正式金融融资（商业信用）中发挥的中介作用，观察正式金融融资与非正式金融融资之间的替代关系。这为债务融资方面的研究提供了一个比较完整的分析框架。

第三，本书立足于我国制度背景，考察了企业探索型创新对其债务融资的影响，提供了来自新兴转型经济体有关创新与金融市场资源配置的经验证据，有益地补充了创新与金融相关的文献。虽然已经有文献研究了创新对公司股票收益、债券收益、银行贷款的影响，但是，这些文献基本以西方成熟的资本市场为研究对象，其中企业创新对银行信贷的影响以及企业创新对债券定价影响的研究结论尚未达成一致。相较而言，国内学者对企业创新的经济后果研究较为欠缺，对创新这一重要经济要素对企业及其利益相关者的影响的关注度不够。本书的研究提供了中国经验证据和思考，有助于将新兴资本市场对企业创新的定价功能纳入全球资本市场定价的框架中。

从现实意义的角度看，也有三个方面的价值。第一，本书研究了企业探索型创新对金融机构资源配置的影响，为观察我国银行机构为实体经济注入"新动力"的金融供给侧改革提供一个窗口，同时也有助于优化银行业机构在适应经济转型过程中的风险应对能力和业务经营能力，从而能够更好地服务创新企业，对不同类型的创新企业给予差异化的信贷契约，提高信贷资源的配置效率，进而有效激励企业高质量创新、促进经济高质量发展。

第二，本书研究了企业探索型创新对公司债券定价的影响，为债券市场服务创新企业、助力供给侧改革提供了一定的理论依据和政策启示。当前，我国正在大力发展债券市场，完善债券市场债券种类，为创新创业企业、绿色企业等具有高成长性且面临融资约束的企业提供债券融资支持。与此同时，债券市场如何才能更好地理解企业创新价值，提高识别企业创新差异的能力，是债券市场在支持创新企业工作中亟须加强和完善的重点内容，这对提升债券市场的定价效率，促进创新企业可持续发展具有重要意义。

第三，本书研究了企业探索型创新对商业信用的影响，对企业根据自身经营、融资情况及时调整其商业信用使用以优化企业资金使用效率、促进供应链上下游健康发展具有重要启示意义。在经济下行压力较大的时期，企业过度使用商业信用会对经济运行造成负面影响。

二　研究内容与研究方法

（一）研究内容

本书基于我国上市公司创新差异的现实，研究企业探索型创新对其债务融资的影响及其内在机制。全书整体的结构分为七个部分：第一部分为绪论，第二部分为文献综述，第三部分为制度背景与理论基础，第四至第六部分为实证部分；第七部分为研究结论与启示。各部分内容的具体安排如下：

第一部分为绪论。首先，介绍了选题背景，并在此基础上提出主要研究问题。其次，梳理了研究内容、研究方法、研究思路。最后，对可能的研究创新进行了提炼。

第二部分为文献综述。主要对企业创新、银行信贷、债券定价、商业信用等相关研究进行了梳理和回顾，为后续部分的实证检验提供文献支持。

第三部分为制度背景与理论基础。首先，介绍了我国企业创新的现状与相关政策，阐述了我国金融体系的特征与发展历程。其次，介绍了企业创新和债务融资的相关理论。

第四部分为企业探索型创新对银行信贷决策影响的实证研究与分析。以2007—2020年全部A股非金融上市公司为研究对象，探究企业探索型创新对银行信贷决策的影响及其作用机制。研究发现，探索型创新程度越高，企业获得的银行借款越多，这说明总体上银行关注了企业创新行为的差异，并为探索型创新程度高的企业提供了更多的信贷支持。进一步分析表明，企业探索型创新对银行信贷决策的影响效果会受到不同因素的影响，在国有企业、弱竞争行业以及要素市场发展较好的地区，探索型创新程度高的企业能够获得更多银行信贷支持。影响机制检验表明，探索型创新提高了银行对企业未来盈利的预期和长期价值投资者的关注，进而促使银行对探索型创新程度高的企业实施资金支持的信贷决策。在经过替换变量度量方式、采用工具变量法、滞后一期和控制潜在的遗漏变量缓解内生性问题之后，主要结论保持稳健。

第五部分为企业探索型创新对债券定价影响的实证研究与分析。以2007—2020年我国A股非金融行业的上市公司发行的公司债券为样本，研究了企业探索型创新活动在债券市场上的定价情况。首先，研究发现企业探索型创新程度越高，其债券发行成本越低。总体表明债券市场投资者将探索型创新活动视为价值增长的积极信息，从而使探索型创新程度高的企业获得了较低的债券发行成本。其次，进一步研究发现，企业探索型创新对债券发行成本的降低作用在成长性较高的企业、产业政策支持的行业以及要素市场发展和金融契约执行效率较高的地区更为显著。最后，通过深入分析探索型创新对债券发行成本的作用路径发现，企业探索型创新通过影响债券信用评级和分析师关注这两条路径作用于债券发行成本。中介效应检验表明，债券信用评级和分析师关注在企业探索型创新影响债券发行成本中起到了部分中介的作用。

第六部分为企业探索型创新对商业信用影响的实证研究与分析。以2007—2020年全部A股非金融行业的上市公司为研究样本，探讨了企业探索型创新活动是否影响商业信用这种非正式金融融资。实证检验结果发现，企业探索型创新程度越高，商业信用使用水平越低。进一步地，从微观、中观、宏观的角度，分析探索型创新对商业信用使用的影响效果在不同情境下的差异，结果发现，在成长性较高、竞争程度较低的行业以及宏观经济处于下行时期，探索型创新对商业信用融资的降低作用更为明显。此外，影响机制分析表明，探索型创新主要通过提高企业对正式金融融资的可得性，包括银行借款和债券发行这两条路径作用于商业信用，银行短期借款和应付债券在探索型创新对商业信用的影响中发挥了部分中介作用。这一结果表明，商业信用主要体现为替代性融资渠道，与以往的研究结论基本一致。

第七部分为研究结论与启示。根据前述实证研究的结果进行总结，并在此基础上结合我国制度环境、金融机构的发展情况和企业实践，从政府、金融机构与企业层面提出相关建议。最后，对研究存在的不足与局限进行总结，并对未来的研究方向进行了展望。

本书的总体结构框架如图1-2所示。

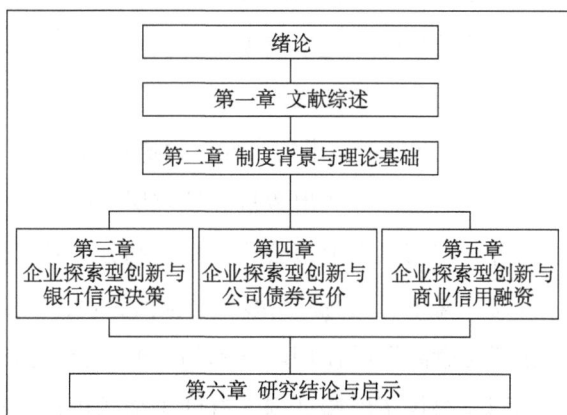

图1-2 全书总体结构框架

（二）研究方法

本书从企业创新差异切入，考察企业探索型创新的债务融资效应。本书主要采用规范研究与实证研究相结合的方法进行研究。首先，对本书研究问题相关领域的主要理论与文献进行梳理与回顾，总结已有文献的成果与可能存在的局限。在此基础上进行归纳与演绎分析，对本书的研究问题与研究假设进行规范分析和逻辑论证。其次，采用实证研究方法，利用上市公司创新专利分类号、公司债券发行、上市公司财务报表等数据，设置模型与变量，统计检验企业探索型创新对正式金融融资与非正式金融融资，为研究结论提供经验证据。具体实证研究方法包括描述性统计、相关性分析、单变量分析、多元回归分析、工具变量法等。

本书主要研究对象为我国沪深两市A股非金融类公司，上市公司财务数据、公司治理数据来源于CSMAR数据库，债券数据来自WIND数据库。探索型创新指标涉及的上市公司专利技术分类号经由CNRDS数据库收集、手工整理得出。银行业竞争度指标涉及的数据是根据中国银监会发布的全国金融机构的金融许可证信息手工整理得出。

三　研究贡献与创新点

第一，本书考虑了企业创新行为的异质性，从债权人角度考察企业探索型创新对其债务融资的影响，这不仅丰富了创新经济后果的文献，而且将创新研究从整体层面细化到类别层面。以往关于企业创新的文献大多集中于影响因素研究，对创新经济后果的研究较为缺乏（He And Tian，2018），且对创新的关注多为投入金额、产出数量、绩效层面的分析，鲜有探讨创新类型的差异。另外，本书根据上市公司创新专利分类号，构建了企业探索型创新指标，研究发现探索型创新能够显著提高企业正式金融融资水平，同时降低了对非正式金融融资的使用。本书的研究为企业探索型创新对金融市场资源配置的影响提供了经验证据，有助于金融机构、投资者、监管部门更好地理解探索型创新的内涵及其对债务融资的影响机理。

第二，本书的研究结论提供了来自新兴市场有关企业创新对金融市场资源配置影响的经验证据，有益地补充了创新与金融的相关文献。银行信贷决策的考量因素是银行信贷领域的重要议题，创新活动对银行信贷决策的影响在近年来引起了西方研究者的关注，但这些基于美国上市公司创新活动与银行契约之间的实证研究（Freel，2007；Francis et al.，2012；Loumioti，2012；Hottenrott et al.，2016；Chava et al.，2017；Mann，2018），结论尚未达成一致，并且也未考虑企业创新行为的异质性。不同于西方国家的金融体系，我国银行机构的信贷契约能否反映企业创新价值、识别企业创新差异，尚未引起国内学者关注。同时，债券市场投资者是否关注企业创新、识别企业创新差异，进而给予合理定价，现有文献也未提供答案。

第三，本书立足于我国制度背景，研究企业探索型创新对其债务融资行为的影响，为理解旨在通过更高效地服务实体企业、激发"新动能"的金融供给侧改革，提供了一个直观的视角和经验证据。同时，也为我国银行机构助力企业创新发展的专利试点融资项目，以及交易所债务市场功能的充分发挥，提升创新创业债券的融资效率等经济工作提供了一定的方向，进而对我国"双循环"经济格局下如何提高对突破性创新的资源配置效率以提升国内循环的"向上发展"和国际循环的国际地位具有重要启示意义。

文献综述

一 创新相关文献综述

近年来，企业创新成为一个越来越重要的课题，引起了金融、经济、会计、管理等多个学科学者的极大关注。当前与企业创新相关的文献主要有两大类：第一类研究影响企业创新的内外部因素以及这些因素如何影响管理层的创新意愿与能力；第二类与本书研究较为密切，主要考察企业创新对市场估值、债务成本、并购决策等的影响。这里将重点梳理第二类文献。

（一）创新的影响因素

现有与创新相关的文献从微观企业层面、市场层面和宏观层面考察了影响企业创新的特征因素以及这些因素如何驱动创新。就微观企业层面的影响因素而言，主要包括企业所有权结构（Ferreira，2014）、高管个人特征（Galasso，2011；Hirshleifer，2012）、管理层薪酬契约设计（Gonzalez-Uribe，2005；Fu，2015；Jia，2016）、董事会监督（Balsmeier，2017）等内部特征因素以及分析师（He，2013；Goldman，2016）、机构投资者（Aghion，2013；Luong et al.，2017）、对冲基金（Brav et al.，2018）、客户供应商关系（Chu，2017）等外部治理因素。

Ferreira 等（2017）从上市公司与私营公司股权结构的角度来研究公司

的创新动机。作者认为公开上市企业更善于开发现有资源，私营公司更愿意探究新的想法。Galasso（2011）发现过度自信的CEO与专利的引用率呈正相关，这种关系在竞争性行业更为明显。Hirshleifer（2012）认为过度自信的CEO带来的盈余波动性更大、投资更多的研发项目，从而产生更多的专利、专利引用以及创新产品。Gonzalez-Uribe（2005）表明CEO的长期雇佣合约有利于管理层从事创新项目，而不用过度担心需要达到短期业绩标准带来的压力。Fu（2015）研究了非执行高管的股票期权对创新数量、质量的影响，结果发现股票期权通过风险承担激励机制而非业绩薪酬激励机制来促进创新。Jia（2016）研究了团队薪酬设计与公司创新业绩的关系，结果发现在一个相互依赖的工作环境中，执行人员的不平等感觉会阻碍创新，团队薪酬设计并没有起到协同激励的作用。Balsmeier（2017）发现独立董事的引入提高了专利数量和引用量，但主要聚集在较为熟悉的技术领域，董事会的监督会提高管理者在公司已有领域的技术创新，但不利于管理者投资新兴且未开发的技术创新。

He（2013）发现分析师的信息作用对公司创新有潜在的负效应，表明分析师跟踪加剧了管理层的短期业绩压力，导致管理层减少投资长期的创新项目。Goldman（2016）开发了一个理论模型，认为创新与分析师跟踪是相互促进的。Aghion等（2013）研究了机构投资者股权与创新产出的关系，发现机构投资者能够监督约束管理层，迫使管理层从平静生活中转向职业生涯关注，从而促进管理层积极从事创新活动。Luong等（2017）研究了国外机构投资者对企业创新的影响机理，发现外国机构投资者对管理层的监督更为积极、对创新失败的容忍性更强，并且能带来创新经济体的知识溢出效应，从而提高了企业的创新努力程度。Brav（2017）专门研究了对冲基金在创新过程中的作用，发现对冲基金的目标公司能够提高创新效率。Chu等（2017）拓展研究客户供应商关系是如何影响企业创新的，文章用供应商与其大客户的地理距离衡量知识溢出，发现知识溢出能够促进供应商的创新。

在梳理企业层面创新的决定因素之后，将关注企业经营所处的经济环境以及评估不同的市场力量是如何影响企业的创新过程与产出的。创新企业的产品最终要在产品市场上参与竞争,那么,产品市场的动态如何影响创新过程以及创新公司在不同的市场环境下创新动机为何,都是重要的研究问题。Aghion等(2005)发现产品市场竞争与公司创新呈倒U形关系。类似地,Desemet(2012)认为完全竞争的产品市场会带来最优的创新成果。除了产品市场的竞争程度会影响创新外,其他的市场环境也会影响公司创新,债务融资也是创新项目融资的一个重要途径。Benfratello等(2008)研究了当地银行业发展如何影响创新,结果发现银行业发展促进了公司的流程创新,这一作用对高科技行业中依赖外部融资的小企业更为显著。Chava等(2013)研究了银行放松管制是如何影响年轻的私营创业公司的,结果发现放松对州外银行管制,提高了当地银行的市场力量,从而抑制了年轻的创业公司创新;相反放松对州内银行的管制,降低了当地银行的市场力量,从而促进了年轻企业的创新活动。Cornaggia等(2015)进一步研究了放松银行管制对上市公司和私营公司的影响,发现放松对州内银行的管制加剧了银行间的竞争,从而降低了总部在被管制地区的上市公司的创新产出。类似地,Hombert和Matray(2017)继续研究了关系型贷款对公司创新的影响,将放松银行管制作为关系贷款的负面冲击事件,从而依赖关系贷款的小公司创新产出降低。除了市场结构、银行系统对创新有影响,税收作为一种重要的市场力量对创新也会产生重要影响。一方面,税赋重会抑制小企业的高管与员工创新的积极性,也会降低创新公司息税后的现金流,削弱公司对创新失败的容忍性,从而减少创新活动。另一方面,当地政府征税能够增强教育和基建设施,反过来也会提高企业的创新水平。Atanassov和Liu(2016)采用双重差分法研究发现,政府税收大幅增加(降低),降低(提高)了公司的创新活动,且在财务困境、公司治理差、避税较多的公司中更为显著。Dechezlepretre等(2016)以税收减免政策变化为外生事件,发现税收优惠与研发费用及专利量呈正相关。而Mukherjee等(2017)利用政府逐步改变征税政策事件,得出了一致的结论,即税收增加导致公司创新减少。对于财务报告频率的监管变化对创新的影响,Fu(2017)发现财务报告发布频率越高公司创新产出越低,这种负向关系在那些盈余-价格敏感性高和财务困境严重的公司更为显著。原因在于频繁的财务报告压力会导致管理者为了短期业绩更加短视，从而减少创新投资。

另外，国家层面的制度特征因素也会对企业创新产生重要影响，主要包括法律政策、国家资本市场发展程度、政策不确定性、政府补助等。就法律政策而言，早先，学者们关注了知识产权保护法如何影响创新。Lerner（2009）发现知识产权保护与企业创新负相关。Moser（2012）更为细致地研究了知识产权保护对创新的影响，发现对早期发明家的知识产权保护较强可能会抑制企业创新，反而允许思想传播、进入，刺激竞争的知识产权保护政策能够促进企业创新。Stiglitz（2014）认为从企业长期创新视角来看，强有力的知识产权保护可能会抑制企业创新。Fang等（2017）以中国上市公司为研究对象，研究在国有企业私有化进程中，企业的创新是否受到知识产权保护的促进。结论显示，私有化显著提高了企业的创新水平，这一作用在知识产权保护较好的地区更为明显。因此，知识产权保护是激励企业创新的重要因素，且对私营企业创新来说更为重要。同时，致力于保护员工利益的劳动保护法对创新的影响，也引起了一批学者的关注。Subramanian（2014）发现美国各州逐步实施不正当解雇法对公司创新存在促进作用。Acharya等（2013）比较了劳动解雇法和其他劳动法对创新的影响，结果表明相对于其他劳动法，只有劳动解雇法刺激了公司创新，且在创新密集行业尤为显著。另外，保护债权人的破产法对公司创新的影响也得到了研究。Acharya等（2009）认为对债权人有利的破产法对创新企业的创新起到抑制作用，对负债人有利的破产法会促进创新企业创新。Cerqueiro等（2017）的研究不同于以往相关研究结论，认为对债务人保护程度高的破产法与创新数量、质量呈负相关，导致负相关的原因可能是对债务人有利的破产法降低了债务融资供给，且对于依赖外部融资行业的负作用更为明显。Mann（2018）认为专利可以作为债务融资的一种抵押担保，有助于创新公司获取融资。债权人对专利的权利增强时，创新公司能够获取更多的融资，进行长期且风险高的研发项目，从而增加企业的创新产出。除了上述有关法律对创新产生的影响，股东、外部投资者保护以及公司契约坏境、产权私有化等政策法规对公司创新也具有重要影响。Brown等（2013）发现强有力的股东保护和提高进入股票市场融资的便利，能够促进公司创新投资，但对公司固定资产投资没有显著影响。Levine（2016）采用跨国样本研究了外部投资者保护法对公司创新的影响，结果表明保护外部投资者利益不被内部人侵占，有助于提高公司创新的数量、质量、范围、通用性和原创性。

现有一系列有关资本市场发展与创新的研究，Tadesse（2006）研究发现，以市场为中心的金融系统几乎对所有行业的创新起到促进作用，以银行为中心的金融系统对信息密集行业的创新作用更为明显。类似地，Hsu等（2014）发现在股票市场发达的国家，独立于外部融资、高科技密集的行业创新成果更多，而在信贷市场发达的国家，这一关系正好相反，即独立于外部融资、高科技密集行业的创新成果更少。Ayyagaric等（2011）研究了发展中国家的上市企业与私营企业的创新，发现更容易进入外部融资市场的企业，创新产出更多。Tian等（2015）则指出资本自由主要通过缓解公司财务困境、获得人力资本以及传递外国技术这些渠道实现行业创新目的。Tan等（2016）选择了中国特有的制度环境，使用双重差分法检验了股权分置改革对技术创新的影响，研究发现中国国有企业的私有化进程提高了股价信息含量、降低了控股股东与小股东之间的代理冲突，从而促进了企业创新投资。此外，Bhattarcharya等（2017）采用跨国样本研究了国家政策不确定性对公司创新的影响，其以美国大选时期定义政策不确定期间，发现在政策不确定期间，公司创新产出显著下降。Bayar等（2016）研究了政府补助在企业创新过程中起到的作用，发现政府与非营利机构运用补助计划和激励奖金刺激基础创新的发展，这类创新能够增加社会价值，但降低了处于发展中的公司价值。Howell（2017）认为政府补助只对早期的创业公司创新专利和业绩有促进作用，特别是对处于财务困境的公司作用更为显著。

（二）创新的经济后果

一个很自然的问题是，企业创新是否影响以及如何影响企业的实际经济效应。相关文献主要从股票收益、债务契约、企业成长以及并购决策角度考察了企业创新活动的经济后果。

第一，从股票收益角度来看，关于企业创新的经济后果研究基本达成共识：创新活动对企业在资本市场中的表现具有积极作用。从理论层面分析，企业投入人力、物力从事研发创新活动，是为了在激烈的市场竞争中获得竞争优势，逐步获取更长远的超额利润，从而增加未来的现金流量，提高企业的估值，进而提升企业的股票价格。

创新投入方面研究表明，研发投入的费用化或资本化包含了与价值相关的信息含量（Lev & Sougiannis, 1996），企业的研发费用资本化与之后的股票收益呈显著正相关。Chan 等（1990）的研究表明，当高新科技企业宣布增加研发投入时，股票市场会给企业一个正面的评价，主要表现为股价上涨。Lev 等（2005）则检验了研发报告偏差的经济后果，发现研发报告较为保守的公司，其价值被低估，而研发报告激进的公司价值被高估。当研发报告态度从保守转向激进，这些错误估值似乎得到了纠正。他们认为这些证据符合投资者的认知偏差。研发强度也可以较好地预测企业未来经营业绩和股票收益水平。例如，Chan 等（2001）发现研发强度高和研发投入增加的企业在未来一段时间经历了盈余增长，产生了正的异常收益，这说明投资者之前对企业增加研发投入的反应不足。类似地，Penman 和 Zhang（2002）、Lev 等（2005）的研究表明，研发投入的变化与其股票异常收益呈正相关。Eberhart 等（2004）进一步发现，实际增加研发投入的企业比只对外宣告增加研发投入的企业更能够使股东获得较多的超额回报。

创新产出方面研究表明，专利和专利引用包含了价值相关信息。例如，Gu 等（2005）发现专利引用与企业未来盈余和股票收益呈正相关。类似地，Pandit 等（2011）发现企业专利引用数量与未来经营业绩呈正相关。Matolcsy 和 Wyatt（2008）则从行业层面的技术进步，发现专利计数和期刊引用与当时的市场估值、公司层面的未来收益呈正相关。上述文献表明，创新在解释企业经营业绩、市场估值和股票收益上具有重要作用，但是，这些研究更多是将创新投入和产出分开研究。Hirshleifer 等（2012）将创新投入和创新产出结合在一起考虑，发现在资本市场中利用企业的创新效率能够很好地预测股票收益率。企业创新效率与市场价值、未来的业绩表现及股票收益率呈正相关。综前所述，创新能力可以使企业获得竞争优势，有利于经营业绩，推动企业有力成长，以增加其股票收益率，对企业的发展具有重要意义。相对于国外这类研究的丰富程度，国内学者近几年才开始关注上市公司研发创新信息是否传递了公司价值。张倩倩等（2017）研究了研发支出资本化的价值相关性，发现研发支出资本化减少了企业节税现金流，降低了企业当期价值，但可以向资本市场传递研发成功信号，提高了未来一期的市场价值。周铭山等（2017）以创业板企业为研究对象，发现企业的研发投入越多，投资者获得的超额收益越多。李诗等（2012）、刘督等（2016）则从创新产出角度研究专利和专利引用的信息价值，发现专利和专利引用包含了与价值相关的信息，意味着企业未来经营业绩和价值的增长，同时也产生了正的股票异常收益。

第二，从债务融资角度来看，企业创新对银行信贷和债券市场定价都具有一定影响。鉴于研发密集型企业在经济上的重要作用，理解它们获得融资的途径以及它们的创新可能被资本市场摩擦阻碍的程度是至关重要的。债务融资也是启动资金的重要来源（Robb & Robinson，2012）。

首先，从债券融资角度来看，有学者指出，基于股票市场的研究可能夸大了对创新未来收益的预期，因为与创新活动相关的不确定性可以正向反映在股票价格中。因此，他从债券市场投资者的角度考察了创新的收益和不确定性之间的权衡，发现研发投资与债券利差呈正相关（Shi，2003）。之后，学者们考察债券市场投资者对企业创新的定价，但未得出一致的结论。Eberhart等（2004）使用了不同的R&D强度度量，发现R&D对债券利差的影响是负的。Hsu等（2014）以专利衡量企业创新，研究了创新对信用利差的影响，发现企业的违约概率与专利组合的数量、影响力、原创性和普遍性呈负相关，因而创新专利会显著降低债券的发行溢价，这表明债券市场估值反映了企业创新的表现。Lee和Oh（2020）使用专利和信用违约互换（CDS）数据来检验企业创新是否影响信用市场估值，发现以专利数量衡量的创新数量与CDS价差呈负相关。此外，创新质量与CDS价差呈负相关。创新的科学价值（基于专利引用）和经济价值（基于股票市场反应）对CDS价差均有负向影响，但经济价值的影响比科学价值的影响更显著。总体而言，企业创新绩效反映在信贷市场估值中。此外，Griffin等（2018）考察了企业创新效率对信用评级机构的影响，以专利申请或引用数量除以研发支出度量创新绩效，发现创新绩效提高了信用评级，但这一作用是渐进的。

其次，就银行信贷而言，已有文献考察了创新投入或产出对银行信贷融资的影响。创新投入方面的文献认为，创新投入低的企业更容易获得银行贷款。Stiglitz（2014）认为债务合同固有的收益与风险不对称特征，致使银行不适合为收益不确定的创新活动提供资金，从而导致银行总体上对企业创新项目的融资贡献较低（鞠晓生，2013）。因创新活动存在收益不确定性，使得风险规避的银行业谨慎对待创新型企业（余琛和李怡宗，2016），更偏好低创新企业。Freel（2007）以英国企业为研究对象，发现高创新企业获得银行信贷的成功率显著较低，并指出企业为获得银行贷款，实施低创新策略可能更有利。类似地，徐飞（2019）发现，银行信贷偏好低创新企业，并且银行信贷强度对企业创新再投入具有抑制作用。

不同于企业创新投入与银行信贷关系研究结论，创新产出与银行信贷关系的部分研究表明，创新专利提高了银行对企业的信贷资金支持。因为创新专利增加了企业知识资产价值的信息含量，提高了公司的市场价值（Hall et al.，2005；Hall et al.，2007），贷款方可能使用专利数量来推断公司的未来价值。同时，拥有专利的公司比没有专利的公司经历了更大的增长率和更高的生产率（Helmers & Rogers 2011；Hall et al.，2013）。另外，Levitas和McFayden（2009）指出，专利明显改善未来现金流的流入前景，专利保护企业在竞争中享有优势地位，未来可能会获得更高的超额收益。对贷款方来说，企业的生存能力比盈利能力更为重要。Cockburn和Wagner（2007）的研究表明，拥有专利与企业生存呈正相关，Mann和SAger（2007）也发现行为专利活动与企业生存的几种成功衡量标准之间存在正相关关系。因此，企业创新专利能在一定程度上增加银行贷款的可得性。Amable等（2010）研究了将专利作为贷款抵押品对企业储蓄和未来创新增长的影响，发现专利担保债权的强化会促使放款人向创新企业放贷，从而缓解企业的信贷约束。Francis等（2012）提出专利申请作为企业创新投资的中间产出，可以减少企业家与债权人之间的信息不对称，并提出未来预期的创新收益。专利申请平均显示较少的企业感知违约风险，因此银行应该对拥有更多创新专利的公司收取更低的利息。Loumioti等（2013）通过以无形资产为抵押的企业研究贷款定价和企业的信贷供应，发现无形资产担保获得贷款并不逊色于其他担保的贷款。总的来说，无形资产抵押是一种信贷市场创新，在一定程度上缓解了融资摩擦。Hottenrott等（2016）通过研究企业专利行为对研发融资约束程度的影响，为之前的观点提供了补充。研究结果表明，在信息不对称程度较高且抵押品价值较低的小企业中，专利确实能缓解融资约束。Chava等（2017）发现无论是通过更大的专利保护，还是通过相对于抵押品的债权人权利，借款人专利价值的外生提升，都会带来更便宜的贷款。这一研究结果表明，专利授予知识产权和贷款人产权，使银行贷款成为创新企业融资的一种可行手段。Mann（2018）展示了专利被作为抵押来筹集大量债务融资，专利的质押性有助于企业创新的融资。他将法院判决作为债权外生变化的一个来源，表明当专利债权增强时，申请专利的公司会筹集更多债务资金，并在研发上花费更多。Saidi和Aldokas（2020）发现创新专利信息披露的增加有助于企业转换贷款机构，从而降低债务成本，促进企业获得银团贷款和公共资本市场融资。他们的证据支持通过专利提供公共信息和私人信息在财务关系中的替代，创新信息的披露使信贷市场更具竞争性。不同的是，Chen等（2016）发现银行贷款成本与借款人创新活动之间存在U型关系，这表明银行向创新企业提供贷款存在一个上限。有经验的银行可以通过降低违约率或增加未来业务的可能性，从而获得贷款给具有创新竞争力企业的收益。

第三，从企业经营决策及效果角度来看，部分文献研究了创新对企业经营发展的影响。Manjón和Merino（2012）以2003年至2007年754家欧洲企业为研究样本，实证结果发现，企业的R&D与销售增长率呈显著正相关，且在高科技行业效果更加明显。周亚虹等（2012）用R&D累计投入代替企业的知识资本，结果表明企业通过产品和技术革新等创新活动可以显著提高企业的产出水平，且R&D投入产出对销售增长的敏感性较高。经营业绩方面，有研究发现企业创新能力与总销售收入和毛利率（Govindarajan & Kopalle，2006；Jansen et al.，2006；陆国庆，2011；周煊等，2012），以及公司现金流和未来盈利等财务指标间存在正向关系（Sorescu et al.，2007）。Gao等（2019）发现创新效率对主要向发达市场或专利保护较好的市场拓展的跨国公司更有价值。另外，有学者从企业并购决策切入研究创新对企业经营决策的影响。Bena和Kai（2014）利用1984—2006年专利合并数据，考察企业创新在并购中的作用，研究发现拥有大量专利组合和低研发费用的公司是收购方，而拥有高研发费用和专利产出增长缓慢的公司是被并购对象。因此，通过整合创新能力获得的协同效应是并购的重要驱动因素。Entezarkheir 和 Moshiri（2019）构建了1980—2003年美国上市制造企业数据，研究了创新对并购决策的影响。研究发现，创新专利越多，企业并购的可能性越高，而且这些决策是顺周期的。之后，Entezarkheir和Moshiri（2021）研究了创新溢出对企业并购可能性的影响。创新溢出是用企业和竞争对手创新的技术邻近性来代理的。结果发现，创新型企业更容易合并，并且行业内外溢会增加企业并购的可能性，而行业间外溢不会对企业并购决策产生显著影响。

此外，除了从并购视角研究创新活动对企业经营决策的影响，部分学者也研究了创新对企业税收行为的作用。Huang等（2010）研究了跨国合作对企业从研发税收激励中获利的影响，结果发现当企业与国家有广泛的跨境合作时，研发强度与税收激励之间的正向关系显著增强，且这种效应在地方知识产权保护力度较弱和地方创新资源水平较高时更强。进一步研究发现，跨境合作通过减少知识产权保护不力造成的非税摩擦和增加外国研发的非税利益，可帮助企业实现更省税的研发投资。Chen等（2021）在美国的一个大样本中，研究创新活动对企业税收筹划的影响，结果发现专利和企业税收筹划之间呈显著的正相关，并且研发投入对税收筹划的影响是递增的。进一步研究发现，研发和专利以不同的方式促进企业的税收筹划：研发和专利通过税收抵免和扣除促进税收筹划，而专利则通过纳税人的收入转移来积极避税。Uyar等（2021）研究了创新能力与逃税之间的关系，以及知识产权对创新能力和逃税的调节作用。结果表明，创新能力和知识产权可能是缓解偷税漏税的两个重要机制，且知识产权在创新能力与逃税之间具有显著的调节作用。然而，这种调节效应在各个创新能力水平上并不均匀，调节效应在较低水平和较高水平上分别降低和增加了逃税行为。

（三）创新类型区分：探索型创新与改进型创新

自March（1991）、Levinthal和March（1993）进行开创性工作以来，探索型创新和改进型创新已成为战略管理文献中的一个重要研究主题。March（1991）将改进定义为细化、选择、生产、效率、实施和执行，并将其与探索进行对比，探索包括搜索、变化、冒险、实验、游戏、灵活性、发现和创新。随后，Levinthal和March（1993）将这些活动的范围限制在知识领域，指出探索涉及对新知识的追求，而改进涉及对已知事物的使用和开发。之后，学者们将注意力限制在知识探索和改进之间的区别上，将探索和改进的概念与相对于组织现有知识库所创造或获得的知识的规模和范围联系起来。

Benner和Tushman（2002）以及He和Wong（2004）区分了探索型创新和改进型创新，表明前者涉及向不同技术轨迹的转移，后者涉及对现有方法或技术轨迹的改进。探索型创新致力于创造和商业化全新的产品、服务或商业模式时，必须进入陌生的领域，以满足新客户的需求或创造新的需求。这涉及对现有能力和现有市场联系的破坏（Abernathy & Clark，1985），因此造成了高水平的风险。这些创新与许多优势有关，比如在新兴市场产生销售（Benner & Tushman，2003），如果创新以比现有产品或服务更好的方式满足客户的需求，就会产生溢价（Schmidt & Calantone，1998），甚至会对非金融目标产生积极的溢出效应，比如公司的形象、声誉和品牌（Salomo et al.，2008）。由于探索型创新难以被竞争对手模仿，先行者优势可能持续较长时间，增加了垄断优势和高回报的持续时间（Atuahene-Gima & Murray，2007）。最后，探索型创新对生存和长期竞争所必需的技能和能力具有积极的影响（Morgan & Berthon，2008）。改进型创新旨在创造和商业化改进或完善的产品、服务和商业模式，以满足现有客户或市场的需求（Benner & Tushman，2003）。组织学习沿着轨迹进行，组织行动者可以建立在经验（Henderson，1993）、现有知识、能力和市场联系上。由于规模经济和范围经济通常与现有产品组合具有高度协同效应，因此会提高利润率，从而对盈利能力和运营效率产生积极影响（Auh & Menguc，2005）。当公司运用他们的先验知识，从现有产品线转向产品线扩展时，他们也可能从学习曲线效应中受益。在前述区分创新类型差异的文献基础上，部分学者就探索型（改进型）创新对企业经济决策的影响展开了研究。Bercovitz 和 Feldman（2007）研究了创新战略如何影响企业参与大学研究的水平，结果表明，内部研发策略更偏重于探索型活动的公司将更多的研发资源分配给探索型大学研究，并与大学研究伙伴发展更深层次的多方面关系。

此外，拥有更集中的内部研发组织的公司将更多的研发资金用于在大学进行的探索型研究。Gao 等（2017）比较了公共和私营企业的创新战略，研究发现上市公司的专利更多地依赖现有知识，不太可能出现在新技术类别中，更具改进性，而私营公司的专利范围更广，更具探索性。Jia（2017）研究了企业创新战略对分析师跟踪和预测业绩的影响，以及相关的经济后果。以 1992—2012 年的美国公司为样本，发现追求探索型创新战略（非改进型创新战略）的公司，分析师覆盖率较低，预测误差和分散度较高。进一步研究发现，投资者似乎对探索型公司发布的预测修正反应较差，这些公司的现金持有量也更高。Jia（2019）研究会计重述对企业创新战略的影响，发现与非再融资公司相比，再融资公司经历了更大的探索型创新增长和更大的改进型创新减少。这些结果表明，重新定义公司与风险偏好的增加有关，因为经理们相信，潜在的上升可能带来公司的改善。Jia（2019）研究了企业创新战略对其信息披露政策的影响。利用 1992—2012 年美国创新密集型企业的样本进行研究发现，具有较高探索型（改进型）创新强度的企业更（较少）倾向于发布管理层收益预测。这些预测通常不太（更）乐观、准确和精确。进一步研究发现，探索型创新较高的公司发布更多的盈利预测，以避免披露其创新活动的专有信息，它们倾向于发布更为保守的预测，以避免股价大幅下跌。此外，Mueller 等（2013）通过对资源的可用性和创新的态度以及利益相关者将资源分配给两种创新类型的意愿，来区分影响探索型创新和改进型创新取得成功的制度条件。研究结果表明，民族文化对探索型创新的成功具有很强的影响，而只有不确定性规避才会影响改进型创新的收益。

二　债务融资相关文献综述

（一）银行信贷决策的影响因素

当前与银行信贷相关的文献主要集中在银行信贷的影响因素研究方面，已有文献表明，银行在信贷决策过程中会重点考虑影响其信贷风险的因素。早期的研究认为企业的经营风险、信用风险是影响银行信贷风险的主要因素，之后有学者发现企业的信息透明度也是银行信贷关注的重要因素。企业的信息透明度越高，银行面临的信息风险越低，从而其信贷条件也就更为宽松。在此基础上，现有实证研究主要围绕这些风险考察了可能影响银行信贷决策的多层次因素，包括企业微观特征、中观特征、宏观特征等因素。

首先，从企业微观特征出发，现有研究侧重于考察会计信息质量、高管个人特征、股权结构、董事会结构、内部控制、审计师治理等公司治理和税收规避等因素。

现有一系列文献考察了会计信息质量对银行信贷契约的影响。早期 Bharath 等（2008）研究了会计信息质量对债务契约的影响以及贷款发放时贷款合同的非价格特征，发现较低的会计信息质量下借款人面临较高的贷款成本、更严格的非价格贷款条款（贷款期限短和抵押限制）。Graham 等

（2008）从财务重述的角度研究了会计信息质量对银行贷款合同的影响。结果发现，相比在重述之前发放的贷款，在重述之后发放的贷款成本更高，期限更短，需要担保的可能性更高，以及更多的契约限制。这一结果表明，银行使用更严格的贷款合同条款来克服财务重述带来的风险和信息问题。Pedro等（2014）研究采用西班牙中小企业的面板数据，分析了应计项目质量对企业获得银行信贷的影响，结果显示应计项目质量和银行信贷之间存在正相关关系，这表明高准确度的盈余减少了企业与银行之间的信息不对称，从而有助于企业获得银行贷款。Ertugrul等（2017）研究了企业年报可读性和模糊基调对借款成本的影响。结果发现，10-K文件规模越大、10-K文件中不确定词和弱情态词比例越大的公司，其贷款合同条款越严格。该研究结果表明，企业财务披露的可读性和基调模糊性与管理信息囤积有关。如果公司的年报可读性较差，模糊不清，那么股东不仅会受到信息披露不透明的影响，还会承受外部融资成本的增加。

债权人对基于会计的债务契约的依赖表明，债务人可能关心影响财务会计报告完整性的公司治理水平，如股权结构、董事会结构、外部审计、内部控制、税收规避等。Lin等（2011）研究了股权结构对债务成本的影响，发现当公司所有者的控制权与现金流权之间存在较大差异时，公司的债务融资成本显著提高。该结果表明，控制权和现金流权之间的差异促进了大股东潜在的隧道挖掘和其他道德风险行为，这些活动增加了银行面临的监测成本和信用风险，进而增加了借款人的债务成本。从外部审计治理来看，Chen等（2016）考察了审计意见对银行信贷契约的影响，结果发现，与未收到非标准无保留审计意见的企业相比，收到非标准无保留审计意见的企业获得金融性贷款的可能性降低，银行贷款成本更高，贷款规模更小，以及要求抵押品的可能性更高，说明银行通过贷款契约加强了对这类企业的监管。Chy等（2021）的研究表明，更高的审计师诉讼风险降低了债务的代理成本，并增加了会计数字的契约性。他们发现，当审计师的审计诉讼风险外生增加时，客户通过获得银行贷款的可能性和银行贷款金额来代理其进入债务市场的机会增加。他们还发现，金融契约的使用有所增加，借贷成本有所降低。Huang 和 Ll（2022）研究了美国上市公司会计监督委员会（PCAOB）的国际监查权限是否会影响美国存托凭证（ADR）借款人的银行贷款合同中基于会计的债务契约的使用。结果发现，PCAOB 的监管提高了债务契约中会计数字的可信度，从而增加了银行贷款合同中使用会计数字的金融契约。从董事会特征来看，Anderson 等（2004）研究了董事会结构对债务成本的影响，发现董事会的独立性及其规模与债务融资成本呈反向关系。同时还发现，完全独立的审计委员会可显著降低债务融资成本。这表明董事会和审计委员会是影响财务报告可靠性的重要因素。Fields 等（2012）则分析了董事会质量对银行债务成本的影响。结果发现，拥有更高质量的董事会和更多顾问的公司可以获得更低的借款利率。进一步研究发现，拥有大型、独立、经验丰富、多样化董事会和较小机构所有权的公司，借贷成本更低。内部控制方面也得出了类似的结论。Kim 等（2011）以《萨班斯奥克斯利法案》404 条款下披露的内部控制缺陷的借款公司为样本，比较了具有内部控制缺陷的公司和没有内部控制缺陷的公司之间的贷款合同的各种特征。结果显示，存在内部控制缺陷的公司比不存在内部控制缺陷的公司贷款成本更高，非价格贷款条款也更严格，同时内部控制缺陷更严重的公司贷款成本显著高于内部控制缺陷不那么严重的公司。此外，银行在公司披露内部控制问题后提高了向内部控制缺陷公司收取的贷款利率，并且在公司纠正之前报告的内部控制问题后，降低了贷款利率。此外，高管的个人特征也会影响公司债务契约。Francis 等（2012）研究 CFO 的性别对银行债务契约的影响，发现由女性 CFO 控制的公司的银行贷款价格比由男性 CFO 控制的公司更低，贷款期限更长，抵押要求可能性也更低。研究结果表明，银行意识到女性 CFO 在事前提供更可靠的会计信息和事后降低违约风险方面的作用，并给予拥有女性 CFO 的公司更低的贷款价格和更优惠的合同条款。Wang 等（2021）则从 CEO 的学术经历考察高管特征对银行债务契约影响，发现拥有学术经验的 CEO 获得的银行贷款利差较低、期限较长、担保要求较低。因为拥有学术经验的 CEO 提高了企业的商誉（社会资本和更高质量的收益报告），并降低了代理成本，进而减少了贷款成本。

最终，企业的税收规避行为也会对银行债务契约造成严重影响。Hasan等（2014）发现避税程度较高的企业在获得银行贷款时，会产生较高的借款成本，更严格的非价格贷款条款，造成这一结果的原因在于银行认为避税存在重大风险。

其次，从中观层面出发，现有研究从企业所处的地理位置、市场竞争度、供应链关系以及市场预期等角度展开讨论。Arena和Dewally（2012）考察了公司地理位置对公司债务的影响，发现与城市企业相比，农村企业面临更高的债务收益率息差。农村企业试图通过更多地依赖关系银行来减少他们在信息方面的劣势，这表明收集远离城市地区的公司信息的较高成本对公司债务有重要影响。Hansan等（2021）研究了地方产品市场竞争对私人债务成本的影响，研究发现，采用不可避免披露原则后，本地产品市场竞争较弱的企业，其银行贷款成本较低，而迁移到产品市场竞争较强的国家的企业，其银行贷款成本较高。研究结果表明，银行在批准贷款时，会考虑企业本地产品市场的特征。除了地理位置、地方市场竞争，供应链关系也是影响公司银行贷款契约的重要因素。Campello和Gao（2017）考察了信贷市场如何评估公司的客户基础概况和供应链关系，研究发现客户集中度的提高增加了息差，并增加了新发起和重新谈判的银行贷款中限制性条款的数量。客户集中度也缩短了这些贷款的期限以及影响了公司和银行之间的关系。这些证据表明，对一小部分大客户的深入暴露会对公司与其债权人的关系产生负面影响，揭示了供应链整合的局限性。Cai和Zhu（2020）则研究主要客户与供应商关系的存在是否会影响供应商的债务成本，结果发现当存在主要客户与供应商关系时，债务成本往往会降低，原因在于大客户作为供应商的监控和认证实体，会减少供应商与其债权人之间的信息不对称。此外，关于市场预期是否会影响债务契约，Gu等（2019）发现预期股价崩盘风险与银行贷款利率呈正相关，说明银行在发放贷款时将股价崩盘视为一个重要的风险因素，当崩盘风险被认为较高时，贷款期限较短。研究结果表明，我国银行采用价格条件来获取风险溢价，采用非价格条件来控制信贷风险，但只限于正规金融机构较强的领域。

最后，从宏观层面出发，现有一系列文献从正式制度和非正式制度因素，考察了银行贷款契约的影响因素。就正式制度而言，Qian和Strahan（2007）发现在强有力的债权人保护下，贷款所有权更集中，期限更长，利率更低。进一步研究发现，债权人对贷款的影响取决于借款人的特征，如资产的规模和有形性，而外资银行似乎对法律和制度环境特别敏感，随着对债权人的保护减少，它们的所有权相对于国内银行有所下降。该研究结论表明，法律和制度的差异决定了世界各地银行贷款的所有权和条款。Kim（2018）以选举作为政治不确定性的替代变量，研究贷款合同条款受政治不确定性的影响。发现政治不确定性致使企业外部融资成本显著增加。从非正式制度角度而言，主要包括文化、信任、社会责任等。Chen等（2016）考察了跨国背景下宗教信仰在债务融资中的作用，发现更强烈的宗教信仰与更低的贷款利率相关，且这种关系在债权较弱的国家更为明显。并且，更强烈的宗教信仰与贷款合同中的其他优惠条款也有关，例如更大的贷款额度，使用基于会计的绩效定价以及更低的预付费用。Hao等（2021）则以腐败文化为切入点研究，发现高管团队中的企业腐败文化对定价和非定价贷款条款均有影响，腐败文化程度较高的企业面临更高的利差，更有可能收到附带要求。进一步研究发现，放贷者和借款者之间的文化接近性显著减轻了感知到的腐败效应，导致合同成本更低、限制更少。Hasan等（2017）发现总部设在美国的公司具有较高的社会资本水平，导致较低的银行贷款成本。高社会资本的企业面临着宽松的非价格贷款条款、较低的发行债券价差，并且更喜欢公共债券而不是银行贷款。进一步研究表明，在债务契约中，债权人认为社会资本提供了约束机会主义企业行为的环境压力。类似地，Álvarez-Botas和González（2021）研究了社会信任对银行贷款的影响，结果表明，社会信任对贷款利差没有影响。然而，当一个国家的正规制度薄弱时，社会信任会降低贷款利差，这与正规制度和非正规制度之间在降低利率方面存在替代效应是一致的。进一步研究发现，在经济发展水平较低的国家，信任和执法对银行贷款成本的影响更大。Cheung等（2020）研究了企业社会责任、国家文化与银行贷款的关系，结果发现社会责任表现卓越的企业，表现出更高水平的平等主义和和谐文化，更有可能享受更低的贷款利率。进一步的分析表明，国家文化对企业社会责任绩效与贷款利差之间关系的影响在客户意识较高、研发强度较强、信息环境不透明的借款企业中尤为显著。此外，Houston 等（2013）从政治关联角度研究非正式制度对银行贷款契约的影响，以董事会成员中有政府官员作为政治关联的替代变量，结果显示有政治关联的企业银行贷款成本较低。进一步研究发现，政治关系降低了银行面临的监控成本和信用风险，进而降低借款人的债务成本，增加了企业的价值。

（二）公司债券定价的影响因素

现有文献主要从微观企业、中观市场、宏观制度层面考察了债券定价的影响因素。

首先，从微观企业层面来看，信用评级、信息质量、股权结构以及客户与供应商关系等因素影响债券定价。国内外学者一致认同信用评级在债券定价中的作用。Ziebart 和 Reiter（1992）发现信用评级直接影响债券收益率，财务信息也直接影响债券收益率，而且财务信息还通过其对信用评级的影响间接影响债券收益率。Becker 等（2011）发现为争夺市场份额而开展激烈的市场竞争，这种竞争会降低信用评级的质量，从而削弱了信用评级对信用利差的解释度。国内学者也认为信用评级能够降低债券信用利差，对债券定价具有影响。何平和金梦（2010）首次研究了我国信用评级在债券定价上的作用，发现债项评级和主体评级分别对债券发行成本具有解释力。韩鹏飞和胡弈明（2015）以城投债为研究对象，认为政府有动机为地方债谋取高信用评级，从而使得政府隐性担保增加了城投债的风险，导致越高等级的城投债，其评级质量越低。除了信用评级，会计信息也是债券市场投资者进行投资决策的重要信息依据，因而不少学者对会计信息质量在债券定价中的作用展开了探讨。Sengupta（1998）、Yu（2005）研究结果显示，企业信息透明度越高债券发行价格越低。Lu 等（2010）考察了信息不确定和信息不对称对公司债券收益利差的影响，结果显示信息不确定和信息不对称程度较高的公司被债券市场投资者索要了较高的风险溢价。Baber等（2013）从财务重述的视角探讨了会计信息与市政债券定价的关系，结果显示在财务重述披露之后，市政债务成本显著增加。类似地，国内学者也得出了基本一致的研究结论。如朱松（2013）发现是否聘请四大会计师事务所审计、会计稳健性和盈余波动性表征等会计信息得到了债券市场参与者的关注，并且会计信息质量越高，评级机构给予的企业信用评级越高，且债券市场投资者要求的风险溢价越低。方红星等（2013）研究显示，正面的内部控制鉴证报告在一定程度上充当了企业信息高质量的信号，能够有效降低债券市场投资者所要的风险溢价，但国有性质削弱了内部控制鉴证报告披露的融资成本降低效应。进一步地，王博森和施丹（2014）考察了会计信息在不同债券市场上的定价作用，发现会计信息在公司债券一级市场和二级市场中都有用，拓宽了会计信息在债券市场上的有用性范围。此外，除了企业信用评级和会计信息，股权结构对债券定价也具有重要影响。Anderson等（2003）从创始人家庭持股角度考察了股权结构对债券信用利差的影响，结果发现二者之间存在U形关系，即在前期持股比例的提高能够有效低债券融资成本，当持股比例超过某一阈值后，家庭持股比例的增加反而会提高债券融资成本。Borisova等（2015）考察了政府持股对公司债券发行价差的影响，他们认为政府持股意味着公司的政治风险较高，从而导致债券市场投资者所要的风险溢价较高，提高了债券发行价差。上述企业内部特征对债券定价的影响得到了探讨，之后，也有学者考虑企业与利益相关者的关系在债券融资中的作用。从客户与供应商关系角度来看，Chen等（2013）利用2001—2008年美国债券市场数据，研究了供应商和客户的信息不对称对公司债券收益率差的影响，结果发现，供应商和客户的信息不对称效应显著解释了公司债券利差的产生，其中重要供应商和客户的信息不对称效应比次要供应商和客户的信息不对称效应更为显著。王雄元和高开娟（2017）分别考察了客户集中度对我国公司债一级市场和二级市场定价的影响，结果发现客户集中度越高，公司债券融资成本越高，总体说明客户集中度被债券市场投资者解读成风险，且这一关系在客户关系风险或商业信用风险较高时更为明显。Liu 等（2020）研究了客户集中度、制度质量及其相互作用对中国公司债券契约的影响。结果发现，客户集中度越高，债券息差越高，债券期限越短，限制性条款越多。相比之下，较好的制度环境与更低的债券利差、更长的债券期限和更少的限制性条款有关。此外，发现对于在较好的制度内运营的企业或国有控股企业，客户集中度与债券契约之间的关系减弱。研究结果表明，债券市场投资者将客户集中视为一个风险因素，而将制度质量视为一种保护。从企业的政治联系来看，Schweizer 等（2020）探讨了政治关联是否以及如何影响中国民营企业发行债券，结果发现政治关联的上市公司比非政治关联的上市公司更有可能利用发行公司债券作为债务融资工具，融资成本也较低。并且如果发债公司有政治关联，投资者对公司债券发行公告反应更为积极。

其次，从中观市场层面看，金融中介（分析师、承销商）、投资者情绪、流动性风险等因素影响债券定价。Fang（2005）的研究显示信誉良好的投资银行为了维持其声誉提供了高质量的服务，并收取了较高的承销费用和较低的收益率，但发行者的净收益较高，这些关系在垃圾债券类别中表现得很明显。林晚发等（2019）研究表明，高评级的承销商能显著降低债券的发行价差，进一步的研究发现，企业发债前的盈余管理水平和发债后的违约风险能够被高评级的承销商识别。Fracassi 等（2016）研究了分析师在塑造投资者预期方面所发挥的作用及其对公司债券市场的影响。他们比较了不同评级机构对同一家公司同期的评级，在信用分析师中发现了系统性乐观和悲观的证据，这些观点上的差异影响了债务价格，并对信用价差的未来变化作出了负面预测，这与错误定价是一致的。此外，发现工商管理硕士学历的信用分析师提供了更高质量的评级，然而，随着公司任期的延长，信用分析师乐观情绪增加导致准确性下降。Longstaff 等（2005）利用信用违约互换中的信息来测度公司债券价差中违约和非违约成分，结果发现大部分信用利差是由于违约风险造成的，同时非违约成分是时变的，这部分与债券特有的非流动性以及债券市场流动性有很强的相关性，表明流动性风险对债券定价具有解释力度。Lin 等（2011）发现流动性风险是公司债券预期收益的重要决定因素，Helwege等（2014）分离了信用风险和流动性风险对公司债券利差的影响，发现加入流动性指标后，公司债券利差的解释力得到了提升。Tan和Yan（2010）的研究实证检验了市场和违约风险之间的交互作用对企业信用利差的影响。结果发现，在市场层面，投资者情绪是信用利差最重要的决定因素；在企业层面，信用利差一般随现金流波动率和贝塔系数的上升而上升，现金流贝塔效应随市场条件而变化。徐浩萍和杨国超（2013）考察了投资者情绪对债券融资成本的影响，实证结果表明，债券发行决策时股票市场投资者情绪与债券发行利率呈负相关，这一关系在信用等级高、经营业绩好、政府控股的企业以及含股权选择的债券中更为明显。此外，股票市场投资者情绪越高，企业越可能通过发行债券进行融资。

最后，从宏观制度层面看，货币政策波动、政策不确定性、社会信任等因素影响债券定价。王雄元等（2015）研究了宏观经济波动性对债券风险溢价的影响，结果发现货币政策波动性增强了企业风险与短期融资融券信用利差之间的正相关关系，而信贷规模波动性降低了二者的正相关关系，这些关系主要体现在国有企业和信息不对称较低的企业中。郭晔等（2016）将货币政策分为未预期货币政策和预期货币政策两部分，研究未预期货币政策对企业债券市场信用利差的影响。结果发现未预期货币政策提高了企业债券融资成本，且这一作用在经济繁荣时期发挥的效果更大。罗党论和佘国满（2015）以地方官员变更度量政策不确定性，考察其对城投债发行契约的影响，结果发现，政策不确定性会降低城市的发债可能性、降低发债规模，并提高城投债的发债风险，导致发债成本增加。且当变更引发的不确定性程度更高，城市面临更高的偿债压力时，政策不确定性对发债成本的影响更加明显。Zerbib（2019）使用绿色债券来衡量企业的非金钱动机，结果显示，绿色债券的收益率低于传统债券的收益率，这种负溢价对于金融和低评级债券更为明显。研究结果强调了投资者的环保偏好对债券价格的影响较小，但这并不代表在现阶段投资者支持绿色债券市场扩张的意愿受到抑制。Li等（2018）研究了社会资本对市政债券市场的影响。社会资本被定义为鼓励合作的规范和网络，是一种社会建构，它捕捉了一个地区的利他主义水平、诚信和履行义务的倾向。研究结果发现，位于社会资本水平较高地区的市政债券收益率相对较低。此外，还发现高社会资本地区的市政债券不太可能有保险，这表明社会资本可以作为债券保险的替代品。

（三）商业信用融资的影响因素

现有关于商业信用的文献主要是关于影响商业信用的因素以及其与正式金融融资银行贷款关系的研究。影响企业商业信用的因素主要分为企业内部因素和外部环境因素。

首先，从企业内部因素来看，企业规模、组织结构、会计处理方式、避税活动以及公司战略等对商业信用具有显著影响。Lawrenz 等（2018）考察了企业规模效应对商业信用的作用，结果发现与大企业相比，在中小企业中没有找到流动性再分配的证据。特别是大型脆弱企业确实削减了商业信用供应，从而损害了小型脆弱企业的利益。进一步研究发现，在危机期间银行和商业信用之间存在替代效应，且这种替代效应在大企业中更加明显。Sah 和 More（2022）考察企业的组织结构对商业信用的影响，发现与非双重结构的公司相比，双重结构的公司使用较少的商业信用，且这一关系在非制造业和高议价能力的双层企业中更为明显。进一步研究表明，这种行为的动机是双重结构的公司对供应商监管的反感。唐松等（2017）从会计处理的角度考察资本化研究开发支出对商业信用的影响，结果发现资本化研究开发支出越高，商业信用供给水平越高，且这一关系在国有企业更为显著。研究结果表明，商业信用被视为一种承诺机制，抑制上游企业的机会主义行为。刘行等（2017）则考察了企业避税对债务融资的影响，发现避税难度增加会显著增加商业信用融资水平，进一步研究发现，企业避税对商业信用融资的影响在融资约束严重、民营企业以及较难获得正式金融融资的企业中更为明显。不同于上述微观因素影响，学者们认为公司战略这一更为深层的特征，会对商业信用政策产生影响。方红星和楚有为（2019）发现公司战略对商业信用融资有重要影响，相比防御型战略，实施进攻型战略的公司，其商业信用水平更高。进一步研究表明，进攻型战略主要通过加剧公司面临的信贷约束和降低供应商集中度两种路径影响企业商业信用水平。Cao等（2022）也考察了商业战略对企业商业信用政策的影响，发现实施创新导向战略的公司比实施效率导向战略的公司为客户提供更多的商业信用。进一步研究发现，实施创新导向战略的公司增加商业信用获得了更高的销售率和更好的业绩。此外，供应链分析表明，实施创新导向战略的公司也从它们的上游供应商获得了较多的商业新信用。总的来说，商业战略是供应链融资的一个重要而内在的决定因素。

其次，从外部因素来看，主要集中在行业、经济、文化等宏观环境层面。行业竞争度、供应商竞争对商业信用具有一定影响，陈正林（2017）考察客户集中、行业竞争对商业信用的影响，结果显示客户集中度显著提高了企业为客户提供的商业信用，并且上下游竞争和行业竞争的共同作用也提高了企业的商业信用供给水平，且这一关系在国有控股企业中更为明显。Chod等（2019）则从供应商竞争的角度考察商业信用供给的影响因素，结果发现，相较于供应商集中度高的零售商，供应商分散的零售商获得的商业信用较少。Gyimah等（2020）研究了商业信用政策在美国上市企业同业中的影响，结果发现企业在制定贸易信贷政策时会模仿同行，对于产品市场竞争激烈程度和信息环境不确定性较高的企业来说，模仿更加明显。此外，对于商业信用水平较高的企业，模仿同行所带来的效用从开始逐步增加到随着模仿强度的增加而快速地递减。

除了上述行业特征，宏观经济、金融政策对商业信用的影响也不可忽视。陈胜蓝和刘晓玲（2018）研究经济政策不确定性对企业商业信用供给决策的影响，结果发现企业商业信用供给与经济政策不确定性程度呈负相关，而社会信任、金融发展程度以及企业市场地位能够有效缓解这一负相关关系。进一步分析发现，外部融资环境和内部经营不确定性是这一影响的重要渠道。徐小晶和徐小林（2021）考察了财政补贴对企业商业信用融资的影响，结果发现财政补贴政策引发的流动性降低显著影响了企业商业信用水平，从而导致企业商业信用供给期限缩短、企业间资金周转加快。

此外，社会文化、信任等非正式制度因素对商业信用的影响受到了大量关注。Wu等（2014）考察了社会信任对商业信用的影响，结果显示位于社会信任度较高地区的私营企业在供应商那里使用了更多的商业信用，向客户提供了更多的商业信用，并更快地收款和支付应付款。进一步研究发现，社会信任对商业信用的影响在产权保护薄弱省份的企业中更为明显。Ghoul等（2016）通过构建四个文化维度（集体主义/个人主义、权力距离、不确定性规避和男性气质/女性气质）来研究商业信用供给与民族文化之间的关系。结果发现，在集体主义、权力距离、不确定性规避和男性气质得分较高的国家，贸易信贷提供水平更高。进一步研究发现，国际贸易开放缓和了商业信用供给与民族文化之间的关系。Li等（2020）以中国上市公司为样本，探讨了文化因素对商业信用这一重要的非正规金融渠道使用的影响。研究发现，总部设在儒家文化氛围较强地区的公司比其他地区的公司能获得更多的商业信用。此外，在非国有企业和金融市场欠发达地区的企业中，儒家思想与商业信用的正相关关系更为显著。总的来说，儒家文化作为一种隐性的价值规范和伦理哲学，在培育诚信方面发挥了重要的积极作用，从而促进了商业信用的使用。Xu等（2022）考察了中国的姓氏文化对商业信用的影响，结果发现，企业高管与其供应商首席执行官之间的姓氏关系对企业获得更多贸易信用有显著影响。进一步研究发现，姓氏关系对商业信用的作用在国有企业、位于家族实力较强地区的公司以及货币政策趋紧的情况下更为明显。

最后，关于正式金融融资与非正式金融融资的关系在现有文献中也得到了广泛探讨。Ge和Qiu（2007）探究了金融机构不发达国家的企业如何为其繁荣的增长机会提供资金。他们比较了中国国有企业和非国有企业使用一种重要的非正规金融渠道——商业信用，发现非国有企业比国有企业使用更多的商业信用，非国有企业使用商业信用的动机主要是融资而非交易。研究结果表明，在正规金融不发达的国家，企业常常通过非正规金融渠道来获取资金以解决企业发展中的融资需求，这种非正规金融渠道主要依赖隐性契约关系。Yang（2011）研究商业信用对企业存货库存动态的影响，并分析商业信用与银行贷款之间的关系。结果发现，企业最终使用的是商业信用和银行贷款的混合体。另外，商业信用与银行信贷的使用既可以互为补充，也可以互为替代。在货币紧缩时期，商业信用主要作为银行贷款的替代品，而在货币宽松时期，即使经济疲软，商业信用和银行贷款也可以互补。张杰等（2013）注意到中国银行机构中"所有制歧视"和"规模歧视"现象，检验了银行贷款与商业信用之间的关系，结果发现企业银行贷款和商业信用之间存在替代关系，商业信用是促进民营企业投资增长的重要融资来源，这表明商业信用在一定程度上补充了中国银行体系对企业发展的作用。之后，Hou（2020）利用中国民营企业特有的调查数据，研究正规金融与非正规金融之间的关系，结果发现正规金融发展对民营企业的非正规融资具有"挤进效应"，华东地区尤其明显。中国东部和西部存在异质性。对于拥有银行准入或规模较大的私人公司来说，群体效应更大。此外，Allen等（2019）提出了一个基于信息不对称处理机制和执行机制的非正式融资理解框架。他们发现，依赖于信息优势或利他关系的商业信用和家庭借贷等建设性非正式融资与良好的企业绩效相关。像放债人这样的地下融资机构使用暴力进行执法则不然。在获得银行贷款广泛的地区，建设性非正式融资很普遍，但随着银行贷款的可得性提高，非正式融资在支持企业增长方面的作用减弱。国际比较表明，在使用非正式融资方面，中国不是一个例外，而是一个平均水平。

三　文献述评

通过前述文献回顾可以发现，以往有关创新领域的文献主要集中于对企业创新影响因素的研究，对创新价值及其经济后果的研究较为缺乏，同时还存在以下研究不足：一是已有文献大都是从创新整体层面出发，如投入金额、产出数量、绩效等，鲜有关注到企业创新类型的差异。事实上，现实企业创新之间是存在差异的，如探索型创新和改进型创新。更进一步地，企业创新行为的差异会对自身和利益相关者的经济决策产生何种影响，其内在影响机理为何，现有研究也鲜少涉及。二是关于企业创新的变量度量，现有文献从投入、产出或是绩效等角度衡量，从而导致同一研究问题的研究结论不一致。

尽管国外学者对创新的市场价值及其在银行信贷契约、债券契约中的作用进行了研究，但关于创新对银行贷款合约的影响以及创新对债券融资的影响尚未得出一致性的结论，原因可能在于现有文献从创新不同的角度（如投入、产出等）考察创新在债务契约中的作用。创新投入和创新产出是创新活动的不同阶段，二者包含的风险与价值信息存在较大差异，从而导致对债权人感知的违约风险产生不同理解。

随着创新在转型经济体中地位的提升，金融机构和市场参与者是否关注企业创新，以及他们如何理解企业创新，是否会将创新价值反映到市场价格和金融契约中，是非常值得关注的理论和现实问题。然而，国内学者仅有少数关注了创新在股票市场的反映，也未进一步分析不同类型创新可能产生的差异。不同于国外制度背景，我国是以银行为主导的金融体系，商业银行对于企业创新行为的理解是提升企业创新能力和效率的重要影响因素。这一问题尚未得到国内学者关注。此外，债券市场也是企业创新融资的重要途径之一，我国债券市场中交易所发行的公司债券仅占企业融资很小的比例，债券市场仍有很大融资空间，关于企业创新在债券市场上的定价效应也未得到很好的体现。

基于此，本书立足我国制度背景，从创新差异切入，利用上市公司创新专利分类号构建探索型创新指标，考察企业探索型创新（非改进型创新）在债务市场上的融资效应。通过进一步区分正式金融融资和非正式金融融资，分别考察企业探索型创新对正式金融融资（银行信贷、债券发行）和非正式金融融资（商业信用）的影响，并深入分析其内在影响机理，以及内外部特征因素对探索型创新的债务融资效应的异质性，从而对探索型创新如何影响其债务融资形成较为全面的研究框架，有助于对该领域的相关研究进行有益的扩展和补充。

制度背景与理论基础

一 制度背景

（一）中国企业创新现状与创新政策支持

我国经济增长模式和发展阶段发生了巨大变化，已从低成本的高速增长阶段过渡到高质量发展阶段。为更好地适应我国经济发展阶段变化以及错综复杂的国际环境变化，党的十九届五中全会通过的《中共中央关于制定国民经济和社会发展第十四个五年规划和二〇三五年远景目标的建议》，提出要加快构建以国内大循环为主、国内国际双循环相互促进的新发展格局。独立自主的科技创新是解决生产体系内部循环不畅和供求脱节以及核心技术"卡脖子"问题的关键，同时也是应对外部环境变化挑战，提升经济发展的自主性、可持续性，塑造我国在国际大循环中主动地位的关键。然而，在现实中推动企业科技创新并非易事。一方面是由于创新的外部性问题，另一方面是创新需要大量的资金投入和面对极大的不确定性。因此，缓解企业创新困境、助力经济高质量发展，需要政府引导和市场激励作为支撑。

基于创新在经济增长和经济转型中的重要作用，中央政府实施了一系列科技创新战略，旨在促进企业创新发展。具体关键节点性政策有：1995年，《关于加速科技进步的决定》提出建立企业为主体的产学研开发体系与科研院所为主的服务体系，我国全面创新战略体系首次拥有体系构想。2006年，《国家中长期科学和技术发展规划纲要（2006—2020年）》提出推动企业成为技术创新的主体，建设创新型国家。2012年，党的十八大提出"科技创新是提高社会生产力和综合国力的战略支撑"，必须将科技创新摆在国家发展的核心位置。2016年，《国家创新驱动发展战略纲要》中提出了"三步走"战略：第一步，到2020年我国进入创新型国家行列；第二步，到2030年我国跻身创新型国家前列；第三步，到2050年我国建成世界科技创新强国。2019年，科技部编制了《国家中长期科学和技术发展规划（2021—2035）》，强调要加强基础科学研究，加快实现高水平科技自立自强。2022年，《科技部、财政部关于印发〈企业技术创新能力提升行动方案（2022—2023年）〉的通知》发布，该行动方案旨在深入贯彻党中央、国务院关于企业创新的重大决策，落实科技体制改革三年攻坚方案并启动实施企业技术创新能力提升行动的部署要求，推动惠企创新政策扎实落地，引导支持各类企业将科技创新作为核心竞争力。2022年12月，国家知识产权局等17部门发布了《关于加快推动知识产权服务业高质量发展的意见》，明确知识产权服务高质量、多元化供给持续扩大，设定了到2030年的发展目标，同时，提出建设一批融入产业、服务创新、辐射全国的知识产权服务业集聚发展示范区。2023年1月，国务院促进中小企业发展工作领导小组办公室印发《助力中小微企业稳增长调结构强能力若干措施》，旨在加大专精特新中小企业培育力度、促进大中小企业融通创新、促进科技成果转化和中小企业数字化转型、加强知识产权运用和保护等，着力促进中小微企业调结构强能力。

在中央政府科技创新战略的贯彻实施之下，中国创新在世界取得了瞩目的成绩：2016年，世界知识产权组织指出，中国全球创新指数排名首次跻身世界创新前25强。2017年，中国全球创新指数排名升至第22位；2018年，中国全球创新指数排名升至第17位；2019年，中国全球创新指数排名升至第14位；2024年，中国全球创新指数排名跃升至第11位。截至2020年，中国是中等收入经济体中唯一进入全球创新指数排名前30名的国家，在本国专利、工业产品外观设计和商标申请量等方面均名列前茅。与此同时，从国内创新指数发展来看，创新环境指数、创新投入指数、创新产出指数以及创新成效指数及其包含的子指数在近年来均呈现逐步上升的趋势。就创新总指数而言，2005年为统计基年设定为100，2020年上升至242.6。创新分指数从2005—2020年的统计情况如下：创新环境指数，2005年为统计基年设定为100，2020年上升到266.3；创新投入指数从100上升到209.7；创新产出指数从100上升至319.8；创新成效指数从100上升至174.7。可以看到，无论是全球创新地位还是国内创新指数，中国创新能力与水平较之以往均实现了跨越式的提升，对中国经济增长作出了巨大贡献。然而，中国原始创新能力较为欠缺，在关键核心技术领域仍遭受"卡脖子"的困境。在政府驱动的创新蓬勃发展背后，潜藏的风险和弊端也开始逐渐显现。大多数企业扭曲了政策资助动机，出现低质量创新专利激增的专利泡沫现象。因此，我国企业的高质量创新需要市场发挥更多的激励作用，甄别出创新质量的差异。市场通过价格信号将有限的资源引导流入高质量的创新企业中，淘汰低质量的创新，从而降低资源错配和效率损失。金融机构承担实体经济资源配置的重要功能，当前实体经济在向以轻资产为主的创新经济体转型，金融机构以往支持重工业为主的经济模式的适用性变弱，需要改变金融服务实体经济的方式，才能更好地推动经济高质量发展。由此可知，如何为科技创新产业发展提供金融支持、合理进行资产定价和权益保护是对现代金融机构提出的更高要求。

（二）中国金融体系的特点与发展

有效的金融体系具有筛选评估优质创新企业、分配资源、监督经理人等功能，能够有效促进创新资本积累（Schumpeter，1991），促进经济增长和繁荣。而金融体系的缺陷是造成经济危机和金融危机并引发经济衰退最重要的原因。金融体系通过储蓄者与投资者的匹配将储蓄转化为投资。在此过程中，随着经济的发展，金融体系不断创造新的金融资产，如银行存款、股票和债券。将资金从储蓄者手中转移到投资者手中主要有两类金融机构：银行和资本市场。银行提供间接融资，银行作为中介，从储蓄者那里吸收存款，向投资者提供贷款。银行专门对潜在借款人的风险和收益进行评估，进行信贷资金配置。资本市场提供以股票和债券为主的直接融资。借款人通过出售债券（固定收益证券）或股票（所有权凭证）直接获得资金。现代金融体系都将直接融资和间接融资结合在一起，公司既从资本市场获得资金，也从银行获得资金。但金融体系的深度和宽度发展，通常包括相对重要的直接融资的增长和多样化发展。

目前中国的金融体系正在发生重大变化，迅速演变为一个多主体且市场依赖性较强的多元体系。长期以来，中国的金融体系一直由国有银行主导，呈现一定程度的金融抑制特点。金融抑制是以政府影响的方式向投资方注入资源的一种机制。在经济高增长时期，政府可能对推动增长所需的基础设施更加偏重，金融抑制可能有助于将投资集中于重要项目上，金融抑制成本似乎较低，但在经济高速增长结束转向高质量发展阶段，金融抑制存在巨大成本。较为重要的体现是，投资分配不当导致经济发展质量不高，出现结构性问题。由于贷款利率较低，政府资助的低生产率项目就显得有利可图。银行必须执行信贷配给制度，但信贷配给标准却很少明示。小企业或者民营企业发起的高生产率项目却无法获得资金支持，即使他们愿意支付更高的利率。因此，为了满足市场经济的需要，中国的金融体系在过去的40年中不断发展。

首先，从银行体系发展来看，中国的银行业经历了一个非凡的多元化过程。在新中国成立初期实施指令性的计划经济条件下，银行只是被动执行政府的经济命令，提供政府贸易信贷和支付服务。20世纪80年代和90年代，中国对银行体系进行改造，开始打破大一统的银行体系，逐步转变为一系列具有不同目标和职能的多元化体制。20世纪80年代，四大银行从中国人民银行分离出来，各自独立。其后，成立的三家政策性银行，承担了四大银行的政府指令性贷款业务，从而使四大银行成为真正的商业银行。2003年，中国银监会成立。随后，地方银行、股份制银行等也经审查后获准进入，自此形成了央行、监管机构、多元化经营的商业银行、外资银行和非银行机构的完整体系。在中国银行体系演进的长期历史中，四大垄断银行所占资产份额逐渐收缩，政策性银行稳步发展，股份制商业银行和城市商业银行以及农村商业银行规模不断扩大，形成了满足客户多元化需求的银行体系。然而，金融体系仍然由政府控制，即政策性银行、国有大型银行仍然占据大半份额，另外，作为银行业重要组成部分的城市商业银行、农村商业银行与地方政府有着密切联系，具有一定的地方垄断特性。正是由于政府对银行业的影响，尽管有许多针对民营和中小微企业的优惠信贷政策，但现实中民营企业和小微企业仍然难以获得银行的金融资源，表现为融资难、融资贵的困境。为此，2019年2月，习近平总书记强调，深化金融供给侧结构性改革，增强金融服务实体经济的能力，坚决打好防范化解包括金融风险在内的重大风险攻坚战，推动我国金融业健康发展。同年8月，中国银保监会联合国家知识产权局、国家版权局发布《关于进一步加强知识产权质押融资工作的通知》，鼓励商业银行在风险可控的前提下，加大对创新企业的融资支持力度，促进经济高质量发展。

其次，从股票市场发展来看，中国已经从无到有发展成一个庞大的多样化股票市场。20世纪80年代末，上海和深圳在建设股票市场方面竞相大力投资，在地方政府政策支持下，股票发行规模不断扩大。据《中国金融年鉴》(1993)统计，1990年底，中国共发行股票筹资45.9亿元，同年证券交易所建立。1992年，国务院设立国务院证券委员会和证监会，明确了中央政府对证券市场的统一管理体制，标志着中国证券市场开始纳入全国统一监管框架。与此同时，证券市场法治建设开始推进。1997年7月《中华人民共和国证券法》正式施行，奠定了我国证券市场的基本法律框架。此后，中国股市走向了快速扩张的道路，逐步形成了一个金字塔式的多层次股票市场体系。金字塔顶端是沪深主板市场，主板下方是中小板市场，中小板市场下方是2009年成立的创业板市场。为了加快发展多层次资本市场，2013年底成立了新三板市场，主要为创新创业型的中小微企业提供服务，填补了股票市场的空白。2015年，中国成立了一个场外交易市场，使不符合其他板块上市要求的公司能在这里进行股份转让。2019年设立科创板并试点注册制，旨在提升服务科技创新企业能力、增强市场功能，不断完善资本市场基本制度。总而言之，中国的股市经历了一个从无到有不断壮大、完善的历程，对实体经济发展的作用毋庸置疑。但是，仍然存在准入制度限制、投资者保护不足、公司治理水平较弱、市场出清能力有限以及政府干预等重要问题，从而导致股票市场更多压在政府控制、支持的股票上，较难给予创新创业型企业较为合理的定价，使其很可能遭遇融资难或者风险溢价较高的困境。

债券市场作为资本市场的另一个重要组成部分，对实体经济发展也起到了举足轻重的作用。在发达市场经济体中，债券市场的规模往往大于股票市场，债券市场资本通常也大于国内生产总值。相比于发达经济体，中国债券市场发展滞后于股票市场，但也在一直稳步发展。中国债券市场已经形成了以场外市场（银行间债券市场）为主、场内市场（交易所债券市场）为辅的市场体系，并分别由人民银行和证监会负责监管。目前，国内债券的卖方大多是政府，政府类债券和金融债券占据债券市场大量份额；相反，公司债券和企业债券的占比偏低。自1983年首次发行信用债以来，企业债券市场迅速发展，但这一市场基本由国有企业主导。企业债券是经由国家发展改革委批准，在银行间和交易所市场上进行交易。2007年，中国债券市场开始试点发行公司债券，这些债券在交易所上发行和交易，由证监会进行监管。公司债券和企业债券在内的所有信用债规模只占公司融资的一小部分，而且信用债市场仍然由国有企业主导，因此，信用债市场的增长空间巨大，尤其是民营或中小企业债券发行份额仍有很大提升空间。

随着对外开放和高质量经济发展的推进，债券市场在支持科技创新、助力实体经济升级转型中扮演着重要角色。2017年底，证监会在上交所、深交所推出创新创业公司债券试点，推动资本市场精准服务创新创业，努力探索适合创新创业企业发展的债券市场服务支持新模式，促进资本市场更好地服务于供给侧结构性改革。2018年底，政府推出了促进民营企业债券发行的举措，包括中国人民银行为信用风险缓释凭证（类似于信用违约掉期的工具）提供流动性支持，缓解民营企业的融资困境。2020年3月，沪深交易所相继发行了首批科创债，从发行结果来看，科创债票面利率均为3%~5%，大大降低了融资成本。

二 概念界定

（一）探索型创新的内涵

随着当今世界竞争的日益演变以及科学技术的快速变革，企业不得不通过不断探索、发现、利用新的机会，实现增长和长期生存（Benner & Tushman，2003）。外部环境压力迫使围绕智力资本、创新能力的竞争成为企业的核心竞争力，尤其是知识密集型企业在致力于推动创新方面投入了更多的资源和组织能力。

企业组织的学习方式会表现出显著的异质性。自March（1991）在《组织学习中的探索与利用》中提出探索与改进范式框架，组织的学习方式成为管理学研究的重要课题之一。他将改进定义为细化、选择、生产、效率、实施和执行，并将其与探索进行对比，探索包括搜索、变化、冒险、游戏、灵活性、发现和创新。这个定义的范围很广，可以有多种解释。在随后的工作中，Levinthal和March（1993）将这些活动的范围限制在知识领域，指出探索涉及对新知识的追求，而改进涉及对已知事物的使用和开发。此后，学者们将注意力限制在知识探索和改进之间的区别上，将探索和改进的概念与组织现有知识库所创造或获得的知识的规模和范围联系起来。具体而言，改进型创新与其建立的组织现有知识库的基础有关。只要组织坚持在现有的技术轨道上，并利用其现有的技能和能力，它的操作就会被利用。例如，瑞士手表制造商从手工上发条的手表过渡到自动手表，这是一种改进形式，因为它建立在现有的机械工程能力基础之上（Landes，1983）。反过来，探索型创新需要从组织当前的知识库和技能转移，这种转变可能与新的技术技能、市场专长或外部关系有关（Lavie & Rosenkopf，2006；Smith & Tushman，2005）。因此，在手表行业的例子中，电池供电手表的出现涉及从机械能源和弹簧发力角度的探索（Landes，1983；Tushman & Anderson，1986）。探索和改进之间的区别往往是程度而不是种类的问题。因此，探索与改进应被视为一个连续体，而不是在分散的选择之间作出选择。正如瑞士手表的例子所示，嵌入新创新中的知识与组织现有知识库之间的关联程度决定了该创新在探索与改进连续体中的位置。

March（1991）研究框架范式的一个中心前提涉及探索和改进之间的内在权衡。探索和改进活动的对立性质源于几个事实，即资源分配限制、组织惰性和理想的组织结果。首先，各组织通过作出资源分配决定，有意识地选择支持探索或改进活动，从而在这些活动的预期后果之间作出权衡。探索是指组织通过支持寻找新的知识和未来的机会，而不是利用现有的知识来满足当前的需求，从而用短期的生产力换取长期的创新。改进则是通过将资源分配给现有技术的改进和现有能力的改进，而不是开发新的技能和能力，组织可以在将来成为过时的风险下实现即时的可靠性（Holmqvist，2004）。探索与改进活动之间的关系，类似于决定当前是否应该为未来进行对冲的问题。其次，探索和改进之间的平衡涉及灵活性和稳定性之间的选择。探索与灵活性和变化有关，而稳定性和惯性与对已知事物的改进有关（Lewin et al.，1999）。一旦建立了组织惯性，在面对环境威胁时很难引入变革（Hannan & Freeman，1977，1984）。最后，探索和改进往往会产生不同的组织结果。与改进的回报相比，探索的回报不那么确定，在时间上更遥远。然而，组织必须投资于发现新知识和市场机会，以确保未来的经济收益。总之，尽管探索和改进对于生存和繁荣都是必不可少的，但有限的资源可用性迫使组织偏爱一种类型的活动，资源分配的限制以及组织适应和成果的差异决定了探索和改进之间的权衡。

（二）探索型创新与改进型创新对企业经营发展的影响

根据已有文献定义，探索型创新与搜索、发现和试验有关（March，

1991）。因此，当企业开展探索型创新活动时，其不能依赖现有的熟悉知识（Rosenkopf & Nerkar，2001）。事实上，先前的经验甚至可能阻碍探索性创新成功引入市场（Henderson，1993）。探索型创新企业在致力于创造和商业化全新的产品、服务或商业模式时，必须进入陌生的领域，以满足新客户的需求或创造新的需求，这涉及对现有能力和现有市场联系的破坏（Abernathy & Clark，1985）。同时，探索型创新也能带来许多优势，比如在新兴市场产生销售（Benner & Tushman，2003），如果创新以比现有产品或服务更好的方式满足客户的需求，就会产生溢价（Schmidt & Calantone，1998），甚至会对非财务目标产生积极的溢出效应，比如公司的形象、声誉和品牌（Salomo et al.，2008）。另外，由于探索型创新难以被竞争对手模仿，先行者优势可能持续较长时间，增加了垄断优势和高回报的持续时间（Atuahene-Gima & Murray，2007）。因此，探索型创新对生存和长期竞争所必需的技能和能力具有积极的影响（Morgan & Berthon，2008；Tsai & Huang，2008），能够在突破中成功创新的探索型公司可以增强其市场主导地位，从而建立一个可持续的竞争优势。

一旦一项探索性的创新被引入市场，行业内的公司将进入一个新的轨道（Utterback，1994）。沿着这条轨迹，存在改进和细化的机会。通过改进型创新，改进或完善的产品、服务和商业模式，以满足现有客户或市场的需求（Benner & Tushman，2003）。这样的创新成果对创新企业及其客户来说是相当熟悉的，因此，它们的风险较低。组织学习沿着轨迹进行，组织行动者可以建立在经验、现有知识、能力和市场联系之上。由于规模经济和范围经济通常与现有产品组合具有高度协同效应，因此会提高利润率，从而对盈利能力和运营效率产生积极影响（Auh & Menguc，2005）。但需要指出的是，改进型创新通常只与正常利润相关（Bierly & Daly，2007）。只有在创新过程中投入大量的财力和人力资本，使其不易被模仿，它们的竞争优势才能持续更长的时间。

探索和改进各有优点，探索新可能性和利用旧确定性之间的区别抓住了企业行为和战略方面的一些根本性差异，这些差异对企业绩效具有重大影响。一方面，改进型创新适应现有的环境需求可能会培养组织惰性，降低企业适应未来环境变化和新机遇的能力（Hannan & Freeman，1984）；而探索型创新试验新的替代方法会降低现有能力改进和改进的速度（March，1991），一次失败的探索性努力可能会破坏公司现有领域的成功常规，而在新领域没有任何重大的成功来弥补现有业务的损失（Mitchell & Singh，1993）。另一方面，改进型创新的自我强化性质使得企业在环境发生变化的情况下，保持当前的重点和增强当前的能力，从而导致核心能力转变为核心刚性（Leonard-Barton，1995）。为了应对过度关注改进型创新导致的组织短视（Radner，1975）和能力陷阱（Levitt & March，1988），有必要"超越本地搜索"（Rosenkopf & Nerkar，2001）。例如，Peter（1990）提倡一种激进的自我更新的创新策略，即从内部淘汰自己，包括授权企业最先进的技术和出售旧的赢家迫使其依赖新的。Daveni（1994）也认为没有一家公司能够建立可持续的竞争优势，因为今天的优势很快就会变成明天的劣势。企业不应试图创造稳定和均衡，而应积极努力通过创造一系列暂时的优势来破坏自己的优势和竞争对手的优势。反过来，过度的探索活动同样具有破坏性。许多在其他方面具有创新精神的公司无法在市场上取得成功，这至少可以部分地归因于它们不断探索新产品和不熟悉的市场，却没有分配足够的资源在更熟悉或更狭窄的市场上利用自己的能力（March，1993）。

因此，适度地平衡探索和改进是企业生存和繁荣的关键（March，1993）。正如Levinthal和March（1993）所指出的，一个组织所面临的基本问题是进行充分的改进，以确保目前的生存能力，同时投入足够的精力进行探索，以确保未来的生存能力。就我国企业创新现状和问题而言，创新赶超战略的实施导致我国企业陷入"实用新型专利陷阱"（毛昊等，2018），企业很多时候扭曲政府资助政策，采取重数量、轻质量的形式创新，甚至一度出现低质量的专利激增的"创新繁荣"假象（黎文靖和郑曼妮，2016；张杰等，2016；张杰和郑文平，2018），这很可能扭曲创新市场的信号作用，挤出高质量的创新活动，不利于企业的可持续发展乃至国家经济的繁荣。那么，基于上述关于探索型创新与改进型创新的内涵，现阶段提高探索型创新程度对促进我国企业健康发展、创造核心竞争价值，进而助力经济高质量发展、实现我国创新强国目标具有重要现实意义。

三 理论基础

（一）信息不对称理论

信息不对称理论是指因市场参与者可获取、掌握的信息程度存在差异，从而导致交易行为偏离市场资源配置、运作最优效率。该理论认为，市场信息不对称地分布在交易双方之间，一方掌握的信息较多，处于信息优势地位，另一方掌握的信息较少，处于信息劣势地位。那么，在市场交易双方了解自己所处的信息地位时，会产生利己、损害对方利益的行为从而对市场资源配置效率造成影响，主要体现为事前信息不对称带来的"逆向选择"和事后信息不对称导致的"道德风险"问题。因此，为了避免"逆向选择"，信息优势一方会通过对外释放可验证的信号来降低信息不对称，同时为了减轻"道德风险"，信息劣势一方会通过价格等保护机制弥补信息不对称带来的风险损失。在现代企业组织架构下，两权分离导致企业与外部投资者（股东/债权人）之间存在严重的信息不对称。相对于外部人，企业内部人掌握大量私有、真实的信息，具有信息优势地位，而外部人无法完全了解、获取企业内部的信息，存在一定的信息劣势。例如，债权人和借款企业之间存在信息不对称问题，这会导致借款企业难以获得融资，或者即使获得外部资金也将承担较高的风险溢价，从而不利于企业的发展和金融市场的稳定。此时，借款企业需要通过提高其对外公布的信息数量和质量来减轻其面对的信息不对称压力，但对于具有较高专有信息成本的创新企业来说，可能需要发展良好的金融体系作为支撑。因为其具有筛选、评估优质创新企业，分配资源，监督经理人等功能（Schumpeter，1991），能够显著降低交易双方的信息不对称，从而提升市场资源配置效率。

（二）信号传递理论

信号传递理论是随着信息经济学的兴起而发展起来的。信号传递是指在企业内部人与外部投资者之间存在信息不对称的现实交易环境下，拥有信息优势的内部人可通过向外界传递其掌握的私有信息，达到降低外部人面对的信息不对称的一种现象。拥有信息优势的内部人对外界释放的相关私有信息可作为一种信号来影响处于信息劣势一方的外部人对企业的判断，同时信息劣势一方能够接收到内部人传递的信号并对企业进行判断，在此基础上进行投资决策。具体到企业的债务融资行为，对借款企业来说，借款企业和贷款人之间存在信息不对称，为了降低"逆向选择"可能导致的缔约失败和高昂的风险溢价，借款企业通过对外释放其财务、非财务信息，实则向外部投资者（潜在债权人）传递企业质量的信息。对贷款人来说，通过分析、判断借款企业传递的相关信号，了解企业真实的财务状况、经营活动、创新成果等信息，从而作出理性的判断和决策。如此，包含企业价值信息的可验证信号在交易双方之间的传递，在很大程度上提高了市场资源配置效率。

（三）融资结构理论

融资问题向来是企业经营发展中的一个非常重要的问题，因为这些融资问题涉及内部人与外部投资者（外部股东/债权人），而他们都是企业契约和组织关系中最重要的当事人。按融资来源划分，企业融资可分为内源融资和外源融资。内源融资是指企业利用内部自有资金进行融资，外源融资主要包括股权融资和债务融资。股权融资是指企业通过让渡部分股权的方式筹集外部资金，包括IPO融资，定向增发、配股等再融资行为。债务融资则是以定期支付资金使用成本和归还本金为代价获得的一定期限的资金使用权的借贷行为，狭义上一般包括银行信贷和发行债券等，广义上将商业信用融资也囊括在内。现有关于融资行为形成一些较为主流和经典的理论，本书将沿着研究发展脉络进行阐述。

企业探索型创新的债务融资效应研究

　　MM定理的提出奠定了资本结构与企业价值之间联系的研究基础。Modigliani和Miller（1958）基于一定的假设前提条件，提出在没有税负、激励以及信息问题等的完美无摩擦市场下，企业的融资结构与其市场价值无关。同时，提出有债务融资企业的资本成本等于无债务融资企业的资金成本加上杠杆的风险溢价这一观点。之后，考虑到企业所得税存在的现实情况，Modigliani和Miller（1963）表明债务融资的利息可以在税前抵扣，使得企业债务融资的税盾效应能够提高企业价值。

　　随着对融资结构的研究认识的深入，学者们引入了其他关键要素，如破产成本、代理成本等，对早期的融资理论进行了修正和完善。Baxter（1967）对MM定理进行了修正，将破产风险纳入了理论分析框架，他发现过高的债务融资会增加破产风险及破产产生的成本，因而企业需要在债务融资产生的节税收益和破产成本之间进行权衡。在此基础上，Scott（1976）提出当债务融资节税产生的边际价值与债务融资潜藏的破产风险产生的边际成本相等时，此时的资本结构为最优资本结构水平。除了将破产成本引入发展而成的权衡理论，Jensen和Meckling将代理成本纳入资本结构与企业价值的分析框架中。企业管理层和股东之间的信息不对称，使得二者之间存在严重的代理成本。同时，企业管理层和债权人之间的信息不对称，使得二者之间也存在代理成本。债务融资的增加在一定程度上可以约束管理层的机会主义行为，从而降低企业管理层与股东之间的代理成本，但在债务融资存在违约风险的情况下，债权人与企业内部的代理冲突会增加，债权人的风险收益不对称及管理层的资产替代效应会导致债权人增加限制条款等要求。因此，企业进行融资时会权衡这两类代理成本，此种情况下的最优资本结构为，股权融资增加产生的边际代理成本与债务融资增加所带来的边际代理成本相等。

　　在上述研究基础上，Myers和Majluf（1984）进一步提出了在信息不对称的现实下，企业进行融资时如何考虑融资方式差异对融资优先顺序的影响，即融资优序理论。他们认为，因信息不对称的存在，企业融资方式会影响投资者对企业价值的判断，从而导致企业管理层倾向于在价值被高估时选择股权融资，在价值被低估时选择债务融资。当企业选择发行股票为新项目筹集资金时，投资者会将这一信号解读成企业的新项目能给股东带来的收益较低，进而导致企业价值被严重低估。而如果企业采用债务融资的方式来进行资金筹集，在一定程度上能够避免价值被低估的不利情形。因此，融资优序理论提出企业融资存在顺序，首先采用内源融资，其次采用债务融资，最后采用股权融资。此后，也有学者认为融资优序理论不一定完全符合现实。对于不同于融资优序理论的看法，原因可能在于现实企业进行融资选择时会受到多种客观和主观因素的综合影响，难以从单一角度分析得出一成不变的结论。

基于上述融资相关理论，本书引入企业创新活动这一要素，考察探索型创新对企业债务融资行为的影响。一方面，由于创新信息存在专有成本，导致探索型创新企业更可能倾向私下筹集资金，同时作为私人债务持有者的金融机构具有收集、处理、评估企业类似创新等"软信息"的能力，因而探索型创新企业很可能与银行机构之间缔结债务契约。另一方面，对于探索型创新企业而言，通过股权融资引起的企业权属关系变化会影响创新活动的决策力和执行力，从而不利于企业创新活动的有序开展和顺利完成。因此，对于高成长性的探索型创新企业，可能更倾向于债务融资，以便企业及时把握市场机会，调整研发方向，最大化企业内部收益和最小化其融资成本。

（四）融资替代理论

关于非正式金融融资与正式金融融资的关系，目前学者们提出了替代性融资理论和互补性融资理论。替代性融资动机理论的支持者提出，信贷配给是解释非正式金融融资（商业信用）被广泛运用的一个重要原因。由于存在信贷配给，企业无法获得银行贷款，受到银行信贷约束的企业会转而求助于供应商（商业信用的提供者），商业信用成为银行贷款的替代性融资方式（Petersen & Rajan，1997）。关于商业信用存在动因主要有两大理论，买方市场理论和融资替代理论。买方市场理论认为商业信用是供应商

为了获取竞争地位和促进销售采取的一种手段（Love et al.，2007，Fabbri &
Menichin，2010），融资替代理论则认为基于供应商的信息优势和企业信贷
资源受限情况下，商业信用能够起到缓解企业资金短期流动性不足的作用。
此后，关于商业信用作为替代性融资渠道缓解企业融资约束的观点得到了
大量学者的认同。然而，随着研究的深入，鉴于融资困境，也有学者提出
了互补性融资理论，即商业信用作为非正式融资与银行信贷融资之间体现
为互补关系（Cook，1999；Cole，2010）。相比而言，以中国企业为研究对
象的实证证据表明，在中国企业现实经营中商业信用作为非正式金融融资
更可能体现为替代性融资渠道，与银行等正式金融融资呈现替代关系（Ge
& Qiu，2007；Cull et al.，2009；余明桂和潘红波，2010；陆正飞和杨德明，
2011；饶品贵和姜国华，2013）。因此，鉴于非正式金融融资在我国企业融
资结构中的重要地位，考察企业探索型创新与债务融资的关系时，不仅需
要关注银行借款、公司债券等正式金融融资，也应该关注探索型创新对商
业信用等非正式金融融资的影响，以及商业信用融资与银行借款等正式金
融融资在企业探索型创新融资效应中的关系。

四 理论分析框架

基于上述理论基础，本书将从探索型创新这一视角切入，分析企业探
索型创新对其债务融资的影响及其内在影响机理。在金融市场上，作为资
金需求方的企业与资金供给方的潜在债权人之间存在信息不对称，这将导
致企业与债权人之间难以有效地缔结合理的债务契约，从而不利于企业和
金融市场的健康发展。已有研究表明，有效的金融市场能够迅速收集、准
确理解企业信息，并据此作出合理的资源配置决策。创新是影响企业经营
发展的重要活动之一，在从事不同质量创新活动的企业进行债务融资的过
程中，企业开展高质量创新在一定程度上可作为一种有效信号传递到信贷
市场上，以区别于其他低质量创新企业。对于潜在的债权人而言，通过企
业传递的实施高质量创新倾向可以分析、判断其中蕴含的有关企业经营、

发展等价值和违约风险等信息，从而调整其信贷决策或投资决策。因此，企业实施的高质量创新的倾向能够有效降低创新企业与债权人之间的信息不对称，从而有助于促成双方缔结合理的债务契约。本书将探索型创新程度高的企业界定为高质量的创新企业，在此基础上分析探索型创新对企业债务融资的影响。

具体而言，从资金供给端来看，金融市场上主要包括股权融资和债务融资，其中债务融资可分为正式金融融资（银行借款和债券发行）和非正式金融融资（商业信用和民间借贷等）。从资金需求端看，企业在经营发展中需要资金，其实施高质量的探索型创新倾向包含了企业的风险和价值信息，可能被潜在的债权人视为一种信号有效识别，从而影响债权人的决策并最终反映到债务契约中。

首先，本书分析企业探索型创新对正式金融融资（银行信贷）的影响及其内在影响机理。以往部分研究认为债权人的固定收益特征使其不太可能成为创新企业的资金来源，然而随着银行业市场化进程的深入，其金融服务广度和深度在逐步提升，同时出于市场竞争地位和长期发展的考量，商业银行会提高其风险容忍度，积极涵养高质量的优质客户以增强收益的稳定性和持续性。探索型创新企业具备成为银行长期优质客户的潜力，能够为银行带来长期收益，从而使得银行愿意为这类企业提供信贷支持。一方面，探索型创新程度高的企业意味着其拥有较多高质量的创新专利，能够带来长期垄断收益，提高企业的盈利能力，从而能够有效降低银行感知的违约风险，增强银行对企业长期盈利的信心。另一方面，探索型创新程度高的企业，管理层的短视主义倾向较弱，其实施机会主义的可能性也相对较低，这有利于吸引长期价值投资者的关注，从而能在一定程度上优化企业信息环境和监督效应，进一步降低银行面临的信息风险和监督成本。因此，探索型创新具有促进银行为企业提供信贷支持的作用。

其次，本书分析探索型创新对正式金融融资（债券发行）的影响及其内在影响机理。一方面，企业实施探索型创新包含的竞争优势和盈利能力会降低债券市场投资者感知的违约风险。另一方面，不同于银行私人债务持有，债券市场上的投资者可能会依赖信息中介的作用。信用评级机构具有专业的信息收集、处理能力，其出具的信用评级报告是债券市场投资者进行投资决策的重要依据。当探索型创新程度高的企业发行债券时，信用评级机构可以识别企业的风险和价值，并为企业出具信用评级报告，而债券市场投资者会根据企业获得的信用等级索要不同的风险溢价。因此，探索型创新很可能通过影响企业信用评级进而作用于债券市场投资者对企业发行债券索要的风险溢价。同时，探索型创新程度高的企业很可能吸引分析师的关注，这会在一定程度上降低企业信息不对称的风险，从而减轻债券市场投资者面对的信息风险，并影响债券市场投资者的投资决策。基于以上分析，企业实施探索型创新很可能具有降低债券发行价差的效应。

最后，本书从商业信用的角度，分析企业探索型创新对非正式金融融资的影响及其可能的内在路径。商业信用存在动因的理论主要分为供给角度的买方市场理论和需求角度的替代性融资理论，基于中国企业的经验证据表明，商业信用更可能是作为正式金融融资难以获得情况下的一种替代性融资方式。根据前文关于探索型创新对企业获得正式金融融资银行借款和债券发行的影响分析，探索型创新具有的价值效应和信息效应有助于提高企业正式金融融资的可得性，并降低外部融资成本。因此，在正式金融融资可得的情况下，企业会考虑使用非正式金融融资的隐含成本，从而降低对商业信用这一非正式金融融资的使用。换言之，企业探索型创新很可能提高正式金融融资而降低对非正式金融融资（商业信用）的使用。

综上所述，本书基于信息不对称、信号传递以及融资相关理论，聚焦债务市场，从正式金融融资（银行信贷、债券发行）、非正式金融融资（商业信用）角度全面地分析了企业探索型创新对其债务融资的影响及其影响机理，进而形成了本书分析框架，如图2-1所示。

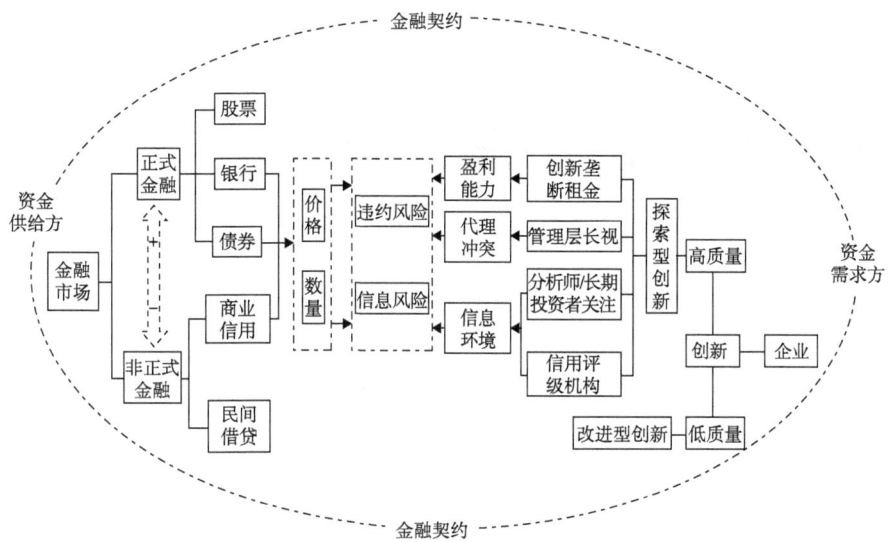

图 2-1　理论分析框架

企业探索型创新与银行信贷决策

03

第三章

　　本章区分企业创新行为差异，研究企业探索型创新（非改进型创新）对银行信贷决策的影响。换言之，银行是否关注、识别了企业创新行为的差异，并为探索型创新程度高的企业配置更多信贷资源？这在一定程度上可以反映金融机构资源配置效率，对于深化金融供给侧结构性改革，提高金融服务实体经济能力进而促进高质量经济发展具有重要意义。

　　为了探讨上述问题，本章利用 A 股上市公司 2007—2020 年专利的技术分类信息，构建探索型创新指标，实证研究了企业探索型创新对银行信贷决策的影响。实证结果发现，企业探索型创新程度越高，获取的银行信贷支持越多，这说明总体上银行关注到了创新类型的差异，并为探索型创新程度高的企业提供了信贷支持。进一步地，从微观、中观、宏观的角度，探讨企业探索型创新对银行信贷决策的作用在不同因素影响下的差异，结果发现在国有企业、弱竞争行业以及要素市场发展较好的地区，探索型创新程度高的企业，获得的银行信贷支持相对更多。影响机制分析表明，探索型创新通过影响银行对企业未来盈利的预期和长期价值投资者的关注两种机制作用于银行信贷决策。

一　理论分析与假设提出

　　银行贷款是重要的金融资源。从理论上来说，衡量信贷资源配置是否有效的一个主要标准就是信贷资源是否流向生产率高、成长性高的企业。换言之，如果生产率高、成长性高的企业获得较多的银行贷款，同时获得更优惠的贷款条件，则认为银行贷款契约制定效率较高，信贷资金配置效率也较高。现实中，贷款合约会受到多种因素影响。创新是表征企业成长、价值增长的重要企业行为。基于西方的一些实证研究，发现拥有较多创新专利的企业能够获得更多银行贷款和更为优惠的信贷条款（Francis et al.，2012；Chava et al.，2017；Mann，2018）。不同于西方市场，我国企业的创新质量参差不齐，较多表现为策略性创新而非实质性创新。事实上，不仅现实企业的创新活动具有较强的异质性，文献研究也表明在组织学习过程中存在两种截然不同的创新：探索型创新和改进型创新（March，1991；Levinthal & March，1993；Holmqvist，2004；Manso，2011）。那么，银行是如何看待企业实施探索型创新（非改进型创新）倾向，是否"欢迎"企业探索型创新？本章认为，在目前专利量多质低的创新困境和银行业日益市场化的情况下，企业实施探索型创新会获得银行信贷资金的支持。具体原因分析如下：

第一，从未来价值增长层面来看，探索型创新蕴含的长期优势会影响银行对企业未来盈利的预期从而影响银行提供信贷资金的意愿。随着我国银行业市场化改革的推进，使得银行可能更加追求长期价值增长的经营策略。出于谋求自身发展和获取竞争优势地位的考量，银行不仅会基于客户当下的经营状况作出信贷决策，还需考虑客户未来持续性的发展能力，以建立长期的客户合作关系。因而银行可能提高对未来成长性高、盈利增长空间大的客户的风险容忍度，以涵养更多长期优质客户，从而获得长期稳定的收益。企业进行探索型创新是试验新技术或方法来实现突破性发明创造，以满足新的客户需求或创造新的需求（March，1991；Levinthal & March，1993；Mcgrath，2001），而改进型创新主要建立在对现有技能和流程的改进和细化之上（March，1991；Levinthal & March，1993；Mcgrath，2001），只会对产品的增量产生改变（Amason et al.，2006），对企业经济收益和声誉的贡献较小（Bierly & Daly，2007；Salomo et al.，2008）。探索型创新具有先行者的优势，会增加企业垄断的持续时间、获得丰厚的财务收益（Schmidt & Calantone，1998），同时也有助于提升企业形象和声誉（Salomo et al.，2008）。因此，当企业探索型创新程度较高时，其持续性竞争优势可能较强，未来长期销售利润和超额垄断收益也将更高，同时还将获得较高的品牌声誉价值，这些未来长期优势会在很大程度上提高银行对企业未来盈利预期的信心，从而使得银行乐意为这类企业提供信贷资金以建立、维系长期合作关系，获得长期稳定收益。此外，创新一直是国家重要战略之一，高质量的探索型创新更是国家大力倡导和支持的战略方向，因而企业实施探索型创新不仅释放了与国家经济政策方向一致的信号，还可能获得政府财政补贴或税收优惠等实际支持，这会在很大程度上影响银行对企业未来持续发展和盈利能力的预期。在这种情况下，银行更乐意为探索型创新程度高的企业提供信贷支持。

第二，从市场关注层面来看，企业探索型创新吸引了更多长期价值投资者的关注从而提高了银行的信贷资金供给意愿。银行对贷款契约的制定，除了关注事前对客户盈利持续性的判断，还需评估事后对客户的监督成本（Chen et al.，2016）。银行作为企业的债权人，为了降低债务违约风险与损失，需要对借款企业保持有效监督，但由于外部人的信息劣势增加了其监督的难度和成本。一般说来，事后监督成本越低，银行提供融资便利的意愿相对越高，信贷条款也可能更为优惠。相比于改进型创新，企业实施探索型创新的倾向越高，意味着管理层的投资视野越长（Levinthal & March，1993），其采取短视行为的可能性就越低。所以，企业的探索性创新程度在一定程度上表明了管理层致力于长期价值创造的意愿和具备长期价值创造的能力，能够吸引更多长期价值投资者的关注与支持。长期价值投资者更加关注企业的内在价值和长期发展能力，更倾向于对企业长期持股（Boone et al.，2015），这种较长的投资期限可以使长期投资者获取超过市场平均收益率的投资回报（Coffee，1991）。因而具有雄厚资金、丰富管理经验和专业能力的长期投资者（Smith，2012），会出于长期获利的考虑积极行使监督角色的权利，对内部经理人的经营决策保持有效的监督（Chen et al.，

2007），并积极参与公司治理（李维安等，2019），使得被投资企业在有限资源中进行更有效的决策，这将在很大程度上降低银行感知的违约风险并减轻其实施监督的成本。因此，对于银行来说，探索型创新程度高的企业意味着会受到更多长期价值投资者的监督治理，从而能够有效降低其事后监督难度与成本，使得银行更愿意为这类企业提供信贷资金支持。

综上所述，探索型创新提高了银行对企业未来盈利的预期和长期价值投资者的关注，从而使得银行愿意为探索型程度高的企业提供更多信贷资金支持。基于此，提出本章假设一（H1）：其他因素一定的情况下，企业探索型创新程度越高，其获得的银行信贷资金越多。

企业探索型创新对银行信贷决策的作用会受到企业内外部因素的影响。下文将从微观、中观、宏观三个角度，即企业产权性质、行业竞争程度及要素市场发展水平的角度，进一步讨论企业探索型创新对银行信贷决策影响的异质性。

从微观角度来看，由于我国特殊的制度背景，国有企业和非国有企业在自身资源禀赋和制度逻辑方面存在巨大差异，这很可能导致探索型创新对银行信贷决策的影响效果会存在明显不同。一方面，国有性质传递了一种资源优势信号，强化了探索型创新影响银行对企业未来盈利预期这一机制的作用，从而使得银行更愿意为探索型创新程度高的企业提供银行信贷支持。相对于非国有企业，国有企业在资源禀赋上具有明显优势，更有利于保障资金、人力投入需求较大的探索型创新活动顺利开展，从而使得银行对国有企业实施探索型创新可能创造的未来长期垄断收益和价值增长更有信心和稳定的预期。另一方面，国有性质的特殊性更能吸引长期价值投资者对企业探索型创新活动的关注，从而增强探索型创新对银行信贷决策的影响。相比于非国有企业，由政府实际控制的国有企业更容易掌握国家政策动态，其探索型创新信息在一定程度上蕴含了国家在未来一段时期内经济发展方向，并预示了未来市场收益的增长点，因而国有企业的探索型创新更容易受到长期价值投资者的关注。而长期价值投资者的关注能够有效降低企业的信息不对称，这对于探索型创新企业获取外部融资会起到促进作用。基于上述分析，提出本章假设二的第一个分假设（H2a）：相比于非国有企业，国有企业的探索型创新能够获得更多的银行信贷支持。

从中观角度来看，企业所处的行业竞争强度不同，其探索型创新对银行信贷的影响效果也可能存在差异。一方面，在弱竞争强度的行业中实施探索型创新的企业能够获得更高的垄断收益和长期价值增长，更能增强银行对探索型创新企业的未来盈利预期，进而使得银行愿意为探索型创新程度高的企业提供更多信贷资金。相比于身处竞争激烈的行业，就处于弱竞争强度行业的企业而言，由于具有较高的进入壁垒和较少的竞争对手，其实施探索型创新面临的不确定性和竞争压力相对较低，能够保持创新垄断优势的时间更长，因而在弱竞争行业中实施探索型创新的企业更容易获取更高的长期垄断收益。换言之，弱竞争行业强化了银行对企业未来盈利预期这一机制在探索型创新融资效应中的作用，进而促使探索型程度高的企业获得更多银行信贷。另一方面，弱竞争行业可能会进一步提高长期价值投资者的关注，进而增强探索型创新对银行信贷决策的作用。如前所述，相比于处于竞争强度较强的行业，在弱竞争强度的行业中实施探索型创新的企业能够获得更高的长期垄断收益，这很可能促使长期价值投资者出于自身长期投资收益增长的考量而加大对探索型创新企业的关注和持有。而长期价值投资者的关注和持有能够有效提高企业的信息透明度和监督治理水平，使得银行愿意为探索型创新程度高的企业提供更多信贷支持。综上所述，提出本章假设二的第二个分假设（H2b）：相比于处于竞争强度较强的行业，在弱竞争强度的行业中实施探索型创新的企业能够获得更多的银行信贷支持。

从宏观角度来看，我国处于经济转型过程中，渐进式的市场化改革和地区间资源禀赋的差异，造成我国市场化进程存在明显的地域差异。实现大多数产品按市场供需决定价格的市场机制是市场化改革的目标之一。然而，出于稳定经济、政策引导等战略目的，地方政府在要素市场领域上，大多存在不同程度的要素资源配置管制和干预（张杰等，2011；Chen et al.，2014；杨洋等，2015）。因此，基于要素市场发展水平在不同地区表现不均衡的客观事实，企业探索型创新对银行信贷决策的影响效果可能存在差异。

一方面，要素市场发展水平会影响银行对企业未来盈利预期这一机制对探索型创新信贷融资效应的作用。相对于要素市场发展水平较低的地区，在要素市场发展水平较高的地区，政府对要素定价权和分配权的控制权较弱（杨洋等，2015），这就使得金融机构能够更好地根据市场机制配置资源，进而提高了银行对探索型创新活动释放的未来盈利、价值前景等信息的关注。同时，作为要素市场重要组成部分的技术市场，其市场化水平越高越能提高企业研发创新的成果转化与应用价值，从而有利于提高银行对探索型创新的未来盈利预期，并因此为探索型程度高的企业提供较多的信贷资金。另一方面，要素市场发展水平也会影响长期价值投资者关注这一机制对探索型创新融资效应的作用。相比于要素市场发展水平较低的地区，在要素市场发展水平较高的地区，长期价值投资者对企业探索型创新释放的信息进行评估、分析可能更加容易和准确，从而能够更大程度地降低企业创新的信息不对称。这对于企业获取外部融资较为有利，使得探索型创新程度高的企业能够获得更多的银行信贷资金。基于以上分析，提出本章假设二的第三个分假设（H2c）：相比于要素市场发展水平较低的地区，处于要素市场发展水平较高地区的企业，其探索型创新能够获得更多的银行信贷支持。

二 研究设计

（一）样本选取与数据来源

本章选取2007—2020年中国全部A股上市公司为研究样本，并根据研究需要对原始样本进行以下步骤的筛选处理：一是剔除了金融行业的上市公司；二是剔除了ST/PT的上市公司；三是剔除了财务数据缺失的上市公司；四是剔除其他变量观测值缺失的样本；五是剔除资产负债率大于1的样本。同时，为了克服极端值的影响，对所有连续变量进行1%和99%分位的缩尾（Winsorize）处理。最终，本章共得到14745个回归样本观测值。其中，上市公司的财务数据来自CSMAR数据库，上市公司的专利申请数据来自CNRDS数据库，上市公司探索型创新指标所涉及的专利分类号数据基于CNRDS数据库发布的专利分类号信息整理得出。银行业竞争度指标涉及的数据是对中国银监会发布的全国金融机构的金融许可证信息手工整理得出。

（二）主要研究变量的定义

被解释变量：银行信贷决策（DTdebt）。为了更好地考察企业探索型创新对银行信贷决策的动态影响，本章借鉴相关研究，采用企业当期银行借款的净增加额来表示银行信贷决策（胡国强和盖地，2014；刘海明和李明明，2020），包括经总资产调整的长期借款变化值与短期借款变化值总和，以及经总营业收入调整的长期借款变化值与短期借款变化值总和。

解释变量：企业探索型创新（Break_Innov）。探索型创新是对新技术领域的探索，突破了现有知识、技术的边界。借鉴相关文献，本章构建以下两种探索型创新的测量方式。

一是参考Makri等（2010）、李哲等（2021）的方法，构建测度探索型创新的指标，具体见公式（1）：

$$Break\_Innov = 1 - \sum_{j}^{n} B_{ij}^2 \qquad 公式（1）$$

其中，B_{ij}是i公司在j技术大类下的专利比例。Break_Innov值越大，说明企业专利分布在更分散的领域，其探索的新技术也更多，意味着企业创新的探索程度较高。具体而言，我国专利分类采用的是《国际专利分类表》制定的分类（IPC分类），本章参考Huang和Chen（2010）的做法，采用国际专利分类号IPC主分类号前3位代码（专利技术大类）来定义技术领域类别，而不是IPC主分类号前4位代码（专利技术小类）。原因在于同一个技术大类下的不同小类的技术相似程度较高，而不同技术大类间的技术相似度较低，能更好地体现技术的探索程度。

同时，借鉴以往相关文献的做法（Ahuja & Lampert，2001；Huang &

Chen，2010；林明等，2019；李哲等，2021），本章构建了另一种度量方式，即采取企业创新进入的专利技术大类的分类数量来表示企业探索型创新，记为 *Break_Innov*1。本章根据IPC分类，如果企业进入以往没有涉猎的专利技术分类，说明企业进入不同的技术领域，创造了新知识。因此，*Break_Innov*1值越大，表明企业进入的技术领域越多，企业创造的新知识与既往知识的相似度越低。本章将第一种度量方式用于主要实证检验，第二种度量方式则作为稳健性检验。

此外，控制变量方面，本章参照（褚健等，2017）控制了如下变量：企业规模（*Size*）、资产负债率（*Lev*）、资产收益率（*Roe*）、现金持有量（*Cash*）、营运资金率（*Wkcapital*）、资本密集度（*PPE*）、财务预警指数（*Zscore*）、成长性（*Tobinq*）、第一大股东持股（*Fstholder*）、管理层持股（*Mgholder*）、产权性质（*State*）以及公司年龄（*Age*）等指标。所述变量的具体定义详见表3-1。

表 3-1　主要变量定义

变量类型	变量名称	变量符号	变量定义
被解释变量	银行新增借款	*DTdebt*	（新增长期借款+新增短期借款）/总营业收入
		*DTdebt*1	（新增长期借款+新增短期借款）/总资产
解释变量	探索型创新	*Break_Innov*	企业专利的分散度
		*Break_Innov*1	企业专利跨越专利技术大类的数量，加1后取自然对数
控制变量	企业规模	*Size*	企业总资产的自然对数
	资产收益率	*Roe*	净利润/总资产
	资产负债率	*Lev*	总负债/总资产
	现金持有量	*Cash*	现金及现金等价物余额/总资产
	资本密集度	*PPE*	固定资产/总资产
	产权性质	*State*	实际控制人为国企取值为1，否则为0
	第一大股东持股	*Fstholder*	第一大股东持股数量/总股数
	管理层持股	*Mgholder*	管理层持股数量/总股数
	成长性	*Tobinq*	托宾Q值
	营运资金率	*Wkcapital*	营运资金/总资产

续表

变量类型	变量名称	变量符号	变量定义
控制变量	企业年龄	*Age*	企业成立年限，加1后取自然对数
	财务预警指数	*Zscore*	3.3×息税前利润/（资产总额+1）×销售收入/（资产总计+1.4）×留存收益/（资产总额+1.2）×营运资本/（资产总额+0.6）×权益市值/负债总额

（三）研究模型设定

本章构建回归模型（1）考察企业探索型创新对银行信贷决策的影响。模型如下：

$$DTdebt = \alpha_0 + \alpha_1 Break\_Innov + \alpha_2 Controls + \sum Year + \sum Firm + \varepsilon \qquad （1）$$

其中，因变量 *DTdebt* 是银行新增借款，自变量 *Break_Innov* 为探索型创新，本章主要关注企业探索型创新的系数 α_1。为排除企业个体特征和时间差异的影响，本章控制了企业和年度双重固定效应。

三 实证结果与分析

（一）描述性统计

表3-2是主要变量在样本期内的描述性统计，其中新增银行贷款（*DTdebt*）的均值为0.096，标准差为0.357，最小值为-0.715，最大值为2.204，说明样本企业银行借款均值有所增加，并且企业的银行借款之间存在较大差异。探索型创新（*Break_Innov*）的均值为0.294，标准差为0.343，最小值为0，最大值为0.912，表明不同企业的探索型创新程度存在明显差异。其他的变量均为控制变量。

表3-2 主要变量描述性统计

变量	样本量	均值	中位数	标准差	最小值	最大值
DTdebt	14745	0.096	0.020	0.357	-0.715	2.204
Break_Innov	14745	0.294	0	0.343	0	0.912

续表

变量	样本量	均值	中位数	标准差	最小值	最大值
Size	14745	22.368	22.237	1.287	19.862	26.105
Lev	14745	0.502	0.510	0.193	0.075	0.898
Roe	14745	0.057	0.067	0.132	−0.724	0.317
Cash	14745	0.141	0.114	0.106	0.009	0.546
PPE	14745	0.248	0.217	0.178	0.002	0.750
State	14745	0.496	0	0.500	0	1.000
Fstholder	14745	0.353	0.335	0.150	0.090	0.749
Mgholder	14745	0.036	0	0.099	0	0.527
Tobinq	14745	2.371	1.854	1.599	0.877	9.719
Wkcapital	14745	0.146	0.139	0.235	−0.395	0.716
Zscore	14745	4.359	3.129	3.976	0.722	25.892
Age	14745	2.776	2.833	0.374	1.609	3.466

为了对比企业探索型创新对银行信贷决策的影响差异，本章进行了探索型创新和银行信贷决策的均值检验。根据样本企业中分行业和年度的探索型创新（*Break_Innov*）的中位数进行分组，将高于年度行业中位数的企业定义为探索型创新较高组，将低于年度行业中位数的企业定义为探索型创新较低组，并采用T检验对两组的银行信贷决策（*DTdebt*）差异进行检验。从表3-3中可以看出，探索型程度较高的企业获得的银行信贷均值为0.103，探索型创新程度较低的企业获得的银行信贷均值为0.079，且二者均值存在显著性差异。从平均意义上说，不同程度的探索型创新确实会对银行信贷决策产生显著影响，初步支持了本章的假设H1，即探索型创新程度高的企业能够获得更多的银行借款。

表 3-3　单变量 T 检验——基于探索型创新倾向分组

变量	均值		均值差异	T 值
	低于中位数组	高于中位数组		
DTdebt	0.079	0.103	−0.024***	−3.729

注：*、**、***分别表示在10%、5%、1%的水平下显著。

（二）假设检验结果与分析

1.企业探索型创新与银行信贷决策

为检验企业探索型创新对银行信贷决策的影响，本章按照模型（1）对全样本进行回归，回归结果如表3-4所示。可以看到，企业探索型创新对银行借款的估计系数为0.038，且在1%的水平上显著，说明探索型创新程度越高，企业获得的银行借款越多，假设H1得到支持。这与探索型创新能够提高银行对未来盈利预期以及促进长期价值投资者关注，进而获得更多银行信贷支持的理论预测是一致的。

表 3-4　企业探索型创新与银行信贷决策

变量	（1） DTdebt	（2） DTdebt
Break_Innov	0.028** （2.06）	0.038*** （2.98）
Size		0.107*** （9.62）
Lev		0.475*** （7.70）
Roe		0.177*** （6.01）
Cash		−0.027 （−0.47）
PPE		−0.296*** （−4.50）
State		−0.050 （−1.64）
Fstholder		0.257*** （3.58）
Mgholder		0.104** （1.97）
Tobinq		0.016*** （2.84）
Wkcapital		0.089 （1.49）

变量	（1） DTdebt	（2） DTdebt
Zscore		−0.012*** （−5.87）
Age		−0.040 （−0.75）
Cons	0.150*** （9.77）	−2.304*** （−9.10）
Year/Firm	是	是
N	14745	14745
R²	0.013	0.084

注：括号内为t值；*、**和***分别表示10%、5%、1%的水平下显著，下同。

2.企业产权是否为国有性质的分组检验

为了检验企业产权性质对探索型创新对银行信贷决策作用的影响，本章按产权性质，将样本分为国企和非国企两组，进行分组回归检验。表3-5报告了回归结果，列（1）结果显示在国有企业样本中，探索型创新对银行借款的估计系数显著为正，列（2）结果显示在非国有企业样本中，探索型创新对银行信贷决策并无显著性影响。进一步地，本章还对不同组间的解释变量系数差异进行检验，发现组间系数存在显著性差异。这些结果表明，相对于非国有企业，银行会更加支持国有企业的探索型创新，为其提供更多信贷资金，从而支持了假设H2a。

表 3-5　企业产权是否为国有性质的分组检验

变量	（1） 国有企业 DTdebt	（2） 非国有企业 DTdebt
Break_Innov	0.0466** （2.56）	0.0192 （1.03）
Size	0.1338*** （7.65）	0.0894*** （5.83）
Lev	0.4259*** （4.64）	0.5832*** （6.75）

变量	（1） 国有企业	（2） 非国有企业
	DTdebt	DTdebt
Roe	0.0951** （2.55）	0.2101*** （4.76）
Cash	0.0300 （0.37）	−0.0579 （−0.70）
PPE	−0.3272*** （−3.65）	−0.2867*** （−2.74）
Fstholder	0.1072 （1.14）	0.3684*** （3.78）
Mgholder	0.7467 （0.73）	0.0165 （0.31）
Tobinq	0.0002 （0.02）	0.0176*** （3.36）
Wkcapital	0.0136 （0.18）	0.1177 （1.28）
Zscore	−0.0035 （−0.69）	−0.0142*** （−6.66）
Age	0.0012 （0.01）	−0.0401 （−0.60）
Cons	−2.9360*** （−6.66）	−2.0254*** （−5.96）
Year	是	是
Firm	是	是
N	7320	7425
R^2	0.0685	0.1101
系数差异检验（P值）	0.027（0.088*）	

注：P值为解释变量系数之差大于0的P值，本章参考Cleary（1999）的研究通过自体抽样（Bootstrap）得到，共重复抽样1000次，下同。

3.企业所处行业竞争程度不同的分组检验

为了检验行业竞争程度对探索型创新与银行信贷决策关系的影响，本章采用赫芬达尔指数（HHI）衡量行业竞争程度，该指数值越小表明行业竞争越激烈。本章将样本根据赫芬达尔指数的年度中位数分为两组，进行分组回归检验，结果如表3-6所示。可以看出，仅在行业竞争较弱组，企业探索型创新对银行信贷决策的估计系数显著为正。更进一步地，本章还对不同组间的解释变量系数差异进行检验，发现组间系数存在差异，且在5%水平上显著。这一结果说明相比于处于竞争较强的行业，在竞争较弱的行业中企业实施探索型创新能够获得更多银行信贷支持，从而验证了假设H2b。

表 3-6　企业所处行业竞争程度不同的分组检验

变量	（1）行业竞争较弱组 DTdebt	（2）行业竞争较强组 DTdebt
Break_Innov	0.0368**（2.01）	0.0035（0.17）
Size	0.1169***（12.53）	0.0862***（6.35）
Lev	0.5641***（10.89）	0.2773***（3.67）
Roe	0.1830***（5.43）	0.1208***（2.96）
Cash	−0.0306（−0.53）	0.0557（0.66）
PPE	−0.2657***（−5.21）	−0.4063***（−5.97）
State	−0.0376（−1.37）	−0.0513（−1.37）
Fstholder	0.2414***（3.98）	0.4407***（5.27）
Mgholder	0.1096（1.56）	0.0159（0.16）
Tobinq	0.0114**（2.42）	0.0248***（3.89）
Wkcapital	0.1022**（2.28）	0.0192（0.28）

变量	（1） 行业竞争较弱组	（2） 行业竞争较强组
	DTdebt	DTdebt
Zscore	−0.0112*** （−4.92）	−0.0145*** （−5.00）
Age	−0.0307 （−0.51）	−0.0423 （−0.53）
Cons	−2.5536*** （−10.28）	−1.7972*** （−5.41）
Year	是	是
Firm	是	是
N	11279	3466
$R^2\_$	−0.0468	−0.1702
系数差异检验（P值）	0.033（0.046**）	

4.企业所在地区要素市场发展程度不同的分组检验

为了检验要素市场发展差异对探索型创新与银行信贷决策关系的影响，本章采取樊纲等人编制的历年《中国市场化指数》中要素市场的发育程度得分指标来衡量不同省份地区要素市场的发展水平。根据要素市场发育程度得分的年度中位数，将样本分为要素市场发展水平较高和要素市场发展水平较低两组，分组检验了探索型创新对银行信贷决策的影响。表3–7报告了分组回归结果，可以看到，仅在要素市场发展较好的地区，企业探索型创新对银行借款的估计系数显著为正。更进一步地，本章还对不同组间的解释变量系数差异进行检验，发现组间系数存在差异，在10%水平上显著。这一结果表明相比于要素市场发展水平较低的地区，在要素市场发展水平较高的地区实施探索型创新的企业能够获得更多的银行借款，假设H2c得到了支持。

表 3-7　要素市场发展程度的分组检验

变量	（1） 要素市场发展水平较高组	（2） 要素市场发展水平较低组
	DTdebt	DTdebt
Break_Innov	0.0458** （2.26）	0.0186 （1.00）
Size	0.1150*** （6.62）	0.1318*** （7.81）
Lev	0.4947*** （5.44）	0.4663*** （5.14）
Roe	0.2145*** （5.33）	0.1307*** （2.97）
Cash	0.0072 （0.09）	0.0162 （0.19）
PPE	−0.2898*** （−3.40）	−0.3215*** （−3.08）
State	−0.0148 （−0.29）	−0.0610 （−1.52）
Fstholder	0.1271 （1.19）	0.3558*** （3.54）
Mgholder	0.1589*** （2.71）	0.0252 （0.19）
Tobinq	0.0119* （1.69）	0.0231*** （3.38）
Wkcapital	0.0603 （0.69）	0.0963 （1.11）
Zscore	−0.0105*** （−4.24）	−0.0136*** （−4.14）
Age	−0.0861 （−1.15）	−0.0132 （−0.14）
Cons	−2.3348*** （−5.93）	−2.9383*** （−7.05）
Year	是	是
Firm	是	是
N	7303	7442
R^2	0.0837	0.0885
系数差异检验（P 值）	0.027（0.070*）	

四 稳健性检验

为增强主要研究结论的可靠性，进行了以下稳健性检验：一是替换变量度量方式，为避免探索型创新度量方式影响结果，本章采取了另一种衡量探索型创新的指标以保证结果的稳健性；二是考虑可能存在因果互置而造成的内生性问题，本章采用工具变量法和滞后一期处理此类内生性问题；三是考虑可能存在的遗漏变量，进一步控制市场竞争、地区经济发展水平等因素的影响以增强结果的可靠性。

（一）替换变量的衡量方式

本章替换了解释变量的度量方式，采用前文所述的探索型创新的第二种度量方式，重新对模型（1）进行回归，结果如表3-8第（1）列所示，与主回归结果基本保持一致，即探索型创新程度越高，企业获得的银行信贷支持越多。另外，本章将被解释变量银行信贷决策的测度方式替换为企业长期和短期借款变化值总和与总资产的比值（$DTdebt1$），再次对模型（1）进行回归，结果如表3-8第（2）列所示，与主回归结果基本一致，表明研究结论较为可靠。

表3-8　替换变量度量方式

变量	（1） $DTdebt$	（2） $DTdebt1$
$Break\_Innov$		0.0131*** （2.86）
$Break\_Innov1$	0.0147*** （3.02）	
$Size$	0.1072*** （9.60）	0.0355*** （9.39）
Lev	0.4748*** （7.69）	0.1766*** （9.05）

变量	（1） DTdebt	（2） DTdebt1
Roe	0.1767*** （6.01）	0.0836*** （8.00）
Cash	−0.0270 （−0.48）	−0.0145 （−0.80）
PPE	−0.2975*** （−4.52）	−0.1495*** （−7.69）
State	−0.0498 （−1.64）	−0.0255*** （−3.16）
Fstholder	0.2578*** （3.59）	0.1017*** （4.52）
Mgholder	0.1034** （1.97）	0.0550*** （2.82）
Tobinq	0.0158*** （2.85）	0.0075*** （4.49）
Wkcapital	0.0893 （1.49）	0.0026 （0.15）
Zscore	−0.0123*** （−5.87）	−0.0050*** （−7.35）
Age	−0.0398 （−0.74）	−0.0460** （−2.47）
Cons	−2.3034*** （−9.09）	−0.6635*** （−7.71）
Year	是	是
Firm	是	是
N	14745	14745
R^2	0.0845	0.1202

（二）采用工具变量法缓解内生性问题

考虑到核心变量（探索型创新）可能与扰动项相关，利用工具变量法来克服这一内生性问题。参考李哲等（2021）的做法，以企业所在地区高校科研投入作为探索型创新的工具变量。企业所在地高校科研投入力度大，对企业探索型创新可能具有以下积极影响：其 ，企业所在地高校中与科研相关的全时工作人员投入越多，越有利于培育积极创新的文化氛围，培养更多具有创新精神的学生，在一定程度上为企业开展探索型创新提供人力资源支持。其二，科学家和工程师被视为推动创新成功的重要因素（Forés & Camisón，2016），那么企业所在地高校的科研人员中科学家和工程师投入越多，越能推动高校对高科技技术前沿知识的了解、发展及其应用前景，从而能够更好地为企业实施探索型创新活动提供前沿技术指导，有力促进企业创新成果的形成与转化。因此，企业所在地区高校科研投入能够有效促进企业探索型创新，但不直接影响银行信贷决策。本章采用两个指标度量地区高校科研投入：一是企业所在地高校参与研发创新相关工作人员数量的自然对数，表示为 *RDpepole*；二是企业所在地高校参与研发创新相关工作的科学家和工程师数量的自然对数，表示为 *RDpepole*1。

表3-9报告了工具变量法回归的两阶段结果。第（1）列为第一阶段结果，可以看到企业所在地高校参与研发创新相关工作人员数量（*RDpepole*）对企业探索型创新的影响显著为正，表明该工具变量满足相关性要求。第（2）列呈现了企业所在地高校参与研发创新相关工作人员数量作为工具变量的回归结果，发现企业探索型创新程度越高，获得银行借款越多，与基准回归结果保持一致。类似地，表3-9的第（3）、（4）列是以企业所在地高校参与研发创新相关工作的科学家和工程师数量（*RDpepole*1）作为工具变量的第一阶段和第二阶段回归结果。可以看到，企业所在省份高校参与研发创新相关工作的科学家和工程师数量对企业探索型创新的影响显著为正，满足工具变量的相关性要求。第（4）列结果则显示企业探索型创新程度越高，获得的银行信贷资源越多，与本章主回归结果基本一致。

表3-9 工具变量法：企业所在省份高校科研投入

变量	（1） *Break_Innov*	（2） *DTdebt*	（3） *Break_Innov*	（4） *DTdebt*
Break_Innov		1.2424** （1.96）		1.1301* （1.77）

续表

变量	（1） Break_Innov	（2） DTdebt	（3） Break_Innov	（4） DTdebt
RDpepole	0.0593** （2.02）			
RDpepole1			0.0568* （1.94）	
Size	−0.0085 （−1.23）	0.1329*** （11.77）	−0.0085 （−1.22）	0.1319*** （11.97）
Lev	−0.0117 （−0.35）	0.4821*** （8.70）	−0.0110 （−0.33）	0.4809*** （8.97）
Roe	0.0448** （2.22）	0.1044** （2.31）	0.0445** （2.21）	0.1095** （2.46）
Cash	−0.0087 （−0.25）	−0.0104 （−0.17）	−0.0090 （−0.26）	−0.0114 （−0.19）
PPE	0.0623* （1.68）	−0.3844*** （−5.79）	0.0627* （1.69）	−0.3774*** （−5.78）
State	0.0019 （0.11）	−0.0463 （−1.59）	0.0020 （0.11）	−0.0458 （−1.63）
Fstholder	−0.0512 （−1.17）	0.2906*** （4.06）	−0.0519 （−1.19）	0.2849*** （4.08）
Mgholder	−0.0999* （−1.86）	0.2250** （2.26）	−0.1012* （−1.88）	0.2133** （2.17）
Tobinq	−0.0073** （−2.53）	0.0247*** （3.72）	−0.0073** （−2.53）	0.0239*** （3.65）
Wkcapital	−0.0008 （−0.03）	0.0642 （1.34）	0.0001 （0.00）	0.0643 （1.38）
Zscore	0.0012 （0.81）	−0.0136*** （−5.55）	0.0012 （0.81）	−0.0135*** （−5.66）
Age	0.0892* （1.95）	−0.1808** （−2.07）	0.0910** （1.98）	−0.1702** （−1.97）
Cons	−0.3381 （−1.05）	−2.7667*** （−9.82）	−0.3190 （−0.99）	−2.7473*** （−10.02）
Year	是	是	是	是
Firm	是	是	是	是
N	13879	13879	13879	13879
R^2	0.03	0.03	0.03	0.03

（三）滞后一期处理和控制潜在的遗漏变量

为进一步缓解内生性问题，本章对解释变量和控制变量滞后一期处理，重新对模型（1）进行回归，结果如表3–10第（1）列所示，与主回归结果基本保持一致。同时，考虑到结果可能受到宏观经济因素等遗漏变量的影响，本章以当年GDP增速（GDP）和企业景气指数（QYJQ）衡量经济发展水平，结果如表3–10第（2）、（3）列所示。可以看出，在控制潜在的遗漏变量之后，本章结论仍然存在，即企业探索型创新程度越高，获得的银行信贷资源越多。

表 3–10　其他稳健性检验

变量	滞后一期	控制遗漏变量	
	（1）	（2）	（3）
	DTdebt	DTdebt	DTdebt
Break_Innov	0.0254*	0.0380***	0.0380***
	（1.89）	（2.98）	（2.98）
Size	−0.0913***	0.1074***	0.1074***
	（−7.04）	（9.62）	（9.62）
Lev	−0.4350***	0.4755***	0.4755***
	（−6.30）	（7.70）	（7.70）
Roe	0.1557***	0.1768***	0.1768***
	（4.33）	（6.01）	（6.01）
Cash	−0.3269***	−0.0268	−0.0268
	（−5.02）	（−0.47）	（−0.47）
PPE	−0.4516***	−0.2965***	−0.2965***
	（−6.98）	（−4.50）	（−4.50）
State	0.0390	−0.0497	−0.0497
	（0.88）	（−1.64）	（−1.64）
Fstholder	−0.0897	0.2566***	0.2566***
	（−0.91）	（3.58）	（3.58）
Mgholder	−0.1289**	0.1036**	0.1036**
	（−2.25）	（1.97）	（1.97）
Tobinq	0.0167**	0.0157***	0.0157***
	（2.45）	（2.84）	（2.84）

续表

变量	滞后一期	控制遗漏变量	
	（1） DTdebt	（2） DTdebt	（3） DTdebt
Wkcapital	0.0437 （0.72）	0.0894 （1.49）	0.0894 （1.49）
Zscore	0.0001 （0.03）	−0.0123*** （−5.87）	−0.0123*** （−5.87）
Age	0.1131* （1.80）	−0.0404 （−0.75）	−0.0404 （−0.75）
GDP		1.4455*** （6.03）	
QYJQ			1.8276*** （6.03）
Cons	2.1213*** （6.00）	−2.6375*** （−9.19）	−11.3945*** （−6.87）
Year	是	是	是
Firm	是	是	是
N	12417	14745	14745
R^2	0.0670	0.0844	0.0844

五 影响机制分析

基准回归发现，企业探索型创新程度越高，获得的银行信贷借款越多。基于前文理论分析，企业探索型创新可能通过以下两种渠道影响银行信贷决策：一是通过影响银行对企业未来盈利的预期而影响银行信贷决策，二是通过影响长期价值投资者的关注而影响银行信贷决策。

（一）影响银行对企业未来盈利的预期

为了验证这一影响机制，本章引入了银行业竞争程度与企业探索型创新的交互项，考察银行业竞争程度差异对探索型创新影响银行信贷决策的作用。原因在于，银行业竞争在一定程度上会影响银行对未来盈利预期的信心。相比于银行业竞争程度较低时，银行业竞争程度较高的情况下，银行面对的经营压力和市场地位威胁会大幅增加，从而导致银行会提高对长期优质客户的需求与配置。因此，如果探索型创新通过提高银行对企业未来盈利预期这一机制来影响银行信贷决策，则由于较高的银行业竞争程度能够提高银行对实施探索型创新企业的资产配置需求以及未来盈利信心，探索型创新对企业获得银行信贷支持的影响将会显著提升。

本章手工收集了省级层面的银行注册数据，借鉴已有相关文献（方芳和蔡卫星，2016），采用五大国有银行数量占地区商业银行总数的比重，即地区国有银行垄断程度来衡量银行业竞争（*Bank*）。一般说来，地区国有银行垄断程度越高，当地银行业竞争越弱。在此基础上，本章构建探索型创新与银行业竞争程度的交互项（*Bank_BreakInnov*）。引入交互项的回归结果如表3-11的第（1）列所示，发现探索型创新与银行业垄断程度的交互项系数为-0.4104，且在5%的水平上显著。由于国有银行垄断程度是银行业竞争的反向指标，则这一结果表明银行业竞争越高，探索型创新对企业获得银行信贷支持的影响越明显，进而支持了探索型创新通过影响银行对企业未来盈余预期这一机制作用于银行信贷决策。

（二）影响长期价值投资者的关注

探索型创新程度高的企业很可能获得长期价值投资者的关注，而长期价值投资者的监督治理作用能够降低银行对企业的事后监督成本，因而有助于探索型创新企业获得更多银行借款。因此，如果探索型创新通过影响长期价值投资者关注这一机制来影响银行信贷决策，则预期长期价值投资者对企业的关注越多，探索型创新对企业获取银行信贷支持的影响越明显。为了验证这一机制，本章以机构投资者持股衡量长期价值投资者关注（*Insholder*），并在模型（1）的基础上引入机构投资者持股与探索型创新的交互项（*Ins_BreakInnov*）。表3-11第（2）列报告了引入该交互项的回归结果，可以看到，探索型创新与机构投资者持股的交互项（*Ins_BreakInnov*）系数在5%水平下通过显著性检验，表明机构投资者持股越多，探索型创新对企业获得信贷支持的影响越明显，这为长期价值投资者关注探索型创新影响银行信贷决策的作用机制提供了支持的经验证据。

表 3-11 影响机制检验

变量	（1） 银行对企业未来盈利预期 DTdebt	（2） 长期价值投资者关注 DTdebt
Bank_BreakInnov	−0.4104** （−1.99）	
Ins_BreakInnov		0.0938** （1.99）
Break_Innov	0.3055** （2.26）	0.0015 （0.07）
Bank	0.0632 （0.75）	
Insholder		−0.0895*** （−3.68）
Size	0.1073*** （14.39）	0.1104*** （14.71）
Lev	0.4754*** （11.33）	0.4812*** （11.46）
Roe	0.1778*** （6.79）	0.1798*** （6.87）
Cash	−0.0259 （−0.55）	−0.0233 （−0.49）
PPE	−0.2979*** （−7.36）	−0.2959*** （−7.32）
State	−0.0501** （−2.39）	−0.0492** （−2.35）
Fstholder	0.2577*** （5.44）	0.2609*** （5.51）
Mgholder	0.1021* （1.82）	0.1065* （1.90）
Tobinq	0.0156*** （4.14）	0.0167*** （4.42）
Wkcapital	0.0881** （2.40）	0.0884** （2.41）

变量	（1） 银行对企业未来盈利预期 *DTdebt*	（2） 长期价值投资者关注 *DTdebt*
Zscore	−0.0123*** （−6.75）	−0.0119*** （−6.51）
Age	−0.0396 （−0.85）	−0.0465 （−1.00）
Cons	−2.3455*** （−11.66）	−2.3460*** （−12.13）
Year	是	是
Firm	是	是
N	14745	14745
R^2	0.0252	0.0244

六　小结

　　本章研究了企业探索型创新对银行信贷决策的影响，发现探索型创新程度越高，企业获得的银行借款越多，这说明总体上银行关注了创新行为的差异，并为探索型创新程度高的企业提供了信贷支持。企业探索型创新对银行信贷决策的影响效果会受到不同因素的影响，在国有企业、弱竞争行业以及要素市场发展较好的地区，探索型创新会进一步提高银行对企业的未来盈利预期和长期价值投资者关注，使得探索型创新程度高的企业能够获得更多的银行信贷支持。在经过替换变量度量方式、采用工具变量法、滞后一期和控制潜在的遗漏变量缓解内生性问题之后，本章的主要结论保持稳健。

　　本章研究结论可能具有以下政策建议与启示。第一，银行关注了企业创新类型的差异，并为探索型创新程度高的企业提供了更多的信贷资金支持，说明银行整体上识别了我国上市公司的高质量创新，并实施了合理的信贷决策。这一研究结论表明我国应继续深化金融供给侧结构性改革，提高金融服务实体经济的能力，将更多的金融资源倾斜到高质量的企业中，提高资源配置效率。同时，也为在试点的专利质押融资工作的推行提供了一定的理论证据。第二，从金融机构层面而言，应继续推进银行业的市场化改革，促使银行提升其金融服务效率以及风险承担意愿，将资源配置到最具发展潜力的企业中，从而加快产业升级转型。同时，应出台支持本土化自主创新的金融政策，对不同行业、不同类型的创新设立更加规范、专业、细致的评估标准，培育具有行业专长的创新企业评估队伍，通过对不同类型创新实行差异化信贷资源配置，引导企业开展具有突破性发明的创造活动。第三，从企业自身层面而言，企业应自觉降低获取专利资助政策套利的低质量创新，提高创新活动质量，提高自身在信贷市场上的竞争力，从而帮助企业实现升级转型。第四，从制度环境层面而言，提高金融市场对企业创新的定价功能，还需要完善相关配套制度与设施，如加强专利保护法、提高专利的审查标准，同时还需要改善要素市场的技术转化为产品的功能，使得创新技术能够及时、高效地产生经济价值，降低创新的风险与银行面对的违约风险。

企业探索型创新与公司债券定价

自1981年恢复国债发行以来，中国债券市场（包括银行间市场和交易所市场）高速发展。2023年，中国债券市场共发行各类债券71.0万亿元，同比增长14.8%。其中，银行间债券市场发行债券61.4万亿元，交易所市场发行债券9.6万亿元。国债发行量为11.0万亿元，地方政府债券发行量为9.3万亿元，金融债券发行量为10.2万亿元，公司信用类债券发行量为14.0万亿元，信贷资产支持证券发行量为3485.2亿元，同业存单发行量为25.8万亿元。截至2023年末，中国债券市场托管余额达到了157.9万亿元，同比增长9.1%。债券市场作为多层次资本市场的重要组成部分，是实体经济利用金融市场拓展直接融资的重要渠道。因此，提高债券市场的资源配置效率、优化企业融资结构是供给侧结构性改革在金融领域的重要突破口。

为推动债券市场对创新创业的大力支持，我国政府出台了一系列相关政策文件，明确指出，"鼓励创业企业通过债券市场筹集资金""支持符合条件的创新创业企业发行公司债券""加大创新力度，丰富债券品种，通过多种方式加大对种子期、初创企业投资项目的金融支持力度"等。2016年，中国证监会推出了创新创业债券，旨在提高具有创新能力的科创型中小企业的融资能力。2017年7月7日，证监会正式发布《中国证监会关于开展创新创业公司债券试点的指导意见》，明确了创新创业公司的定义、发行主体范围、配套机制、特殊条款设置、工作考评及政策支持体系，这为创新创业公司债券的发展提供了有力的政策保障。因此，基于上述背景，研究交易所债券市场是如何对创新企业进行定价，对于我国进一步提升债券市场支持创新企业能力、助力实体经济高质量发展具有重要的现实意义。

信用利差一般被认为是投资者要求的风险补偿率，是衡量企业信用风险的重要指标，也是公司债发行定价问题的关键。既有文献主要从无风险利率、政治不确定性等宏观因素（Tang等，2006；罗党论和佘国满，2015）与信用评级、会计信息等微观因素（Ziebart和Reiter，1992；何平和金梦，2010；Bharath等，2008）两方面对公司债发行定价的影响因素展开了探讨，较好地揭示了不同公司之间债券发行价差的差异。但不可忽视的是，在我国大力推进以创新驱动高质量发展的背景下，公司的信誉越来越取决于其研发投资和无形资产的成功，投资者也比以往更加看重无形资产价值。然而，从企业创新角度研究，债券发行价格的微观影响因素尚处于起步阶段，目前的研究成果大多来源于西方资本市场的经验证据，且聚焦于企业创新投入、产出、效率等整体特征，较少深入创新类型的具体层面展开分析。

事实上，企业创新类型之间存在较大差异，如探索型创新和改进型创新。探索型创新是具有突破性的创造发明，其科技含量高，难以被竞争对手模仿，先行者优势可能持续较长时间，因而能够提高企业长期价值、核心竞争力和声誉（Atuahene-Gima和Murray，2007；Morgan和Berthon，2008；Salomo等，2008）。改进型创新则是以模仿现有新兴产品为主，追求短期利益的模仿性创新（March，1991；Manso，2011）。就我国企业创新实践而言，发明专利数量远低于实用新型和外观设计专利数量，大多时候表现为策略性创新而非实质性创新（黎文靖和郑曼妮，2016）。那么，基于企业创新行为差异的事实，债券市场作为创新企业直接融资的重要渠道之一，表征高质量创新的探索型创新能否为企业赢得更多债券融资、更为优惠的价格呢？现有文献并未提供答案。因此，本章以债券市场定价为切入点，区分企业创新类型的差异，研究企业探索型创新对债券投资者投资决策的影响。换言之，债券投资者是否识别了企业创新的差异，是否理解了探索型创新包含的信息，进而采取合理的投资决策？这在一定程度上可以反映债券市场的资本配置效率，这对于深化金融供给侧结构性改革，提高资本市场服务创新企业发展，进而助力经济高质量发展具有切实的现实意义。

为了探讨上述问题，本章利用2007—2020年A股上市公司的专利技术分类信息，构建探索型创新指标，研究了企业探索型创新对债券发行价格的影响。实证结果发现，企业探索型创新程度越高，债券发行价格越低，这说明总体上债券投资者关注了企业创新行为的差异，并降低了对探索型创新企业索要的债券风险溢价，使得企业获得较低的信用利差。进一步地，从微观、中观、宏观的角度，分析探索型创新对公司债券发行价格的影响效果在不同情境下的差异，结果发现在成长性较高、产业政策支持行业以及市场化发展水平较好的地区，探索型创新对债券发行价格的降低作用更为明显。影响机制分析表明，探索型创新主要通过提高信用评级机构的信用评级和分析师的关注这两条路径给公司债券定价，债券信用评级和分析师关注在探索型创新影响公司债券价格中发挥了部分中介作用。此外，在经过替换变量、采用工具变量、控制潜在遗漏变量等稳健性检验之后，本章的主要研究结果依然比较可靠。

以往关于企业创新的文献大多集中于影响因素研究，对创新经济后果的研究较为缺乏（He & Tian，2018），且对创新的关注多为投入金额、产出数量、绩效层面的分析，鲜有探讨创新类型的差异。本章研究考虑了企业创新行为的异质性，从债券投资者的角度考察企业探索型创新对公司债券定价的影响，这不仅丰富了创新经济后果的文献，而且将创新研究从整体层面细化到类别层面。与此同时，立足于中国现实，提供了来自新兴市场有关创新在金融市场定价研究的经验证据。关于企业创新在债券市场上的定价研究，在近年来引起了西方研究者的关注，而国内学者尚未关注这一因素，研究结论则丰富了创新与金融的相关文献。本章更进一步地区分了企业创新差异，研究企业探索型创新在债券市场上的资源配置效率，为理解旨在贯彻落实国家创新驱动发展战略，大力发展债券市场更高效地服务实体企业高质量发展的金融供给侧结构性改革，提供了一个直观的视角和经验证据，同时也对我国"双循环"经济格局下如何提高债券市场对突破性创新的资源配置效率具有启示意义。

一 理论分析与假设提出

公司债发行价格包括无风险收益率和风险收益率两部分，无风险收益率通常指国债收益率，而风险收益率也即债券价差是投资者要求的风险补偿率，其与企业和债券的异质性特征相关，也是公司债定价问题的关键。

一方面，已有债券定价相关文献表明，无风险利率、货币政策、市场环境以及政治不确定性等宏观因素会对债券定价有影响。无风险利率降低时，看跌期权价值降低，债券价值提高，债券价差降低（Longstaff & Schwartz，1995）。国债收益率上升时，可赎回债券价格上涨，债券价差降低。之后，有学者从货币政策和市场环境等角度研究发现，货币政策波动性越小、产品市场环境越好，投资者将降低债券风险溢价（王雄元等，2015）。但地方领导更替这一政治不确定提高了城投债风险，增加了债券发行成本（罗党论和佘国满，2015）。另一方面，相关文献指出，信用评级、会计信息、股权结构、高管特征等微观因素会对债券价差产生影响。国内外研究一致性得出信用评级可以解释债券信用利差，信用评级越高债券发行价格越低（Ziebart & Reiter，1992；何平和金梦，2010；沈红波和廖冠民，2014）。同时，会计信息也是债券投资者对债券进行定价的重要决策依据。一般来说，会计信息质量或者信息透明度较高时，债券投资者会降低对发债企业违约风险的猜测，进而降低债券发行价差（Sengupta，1998；Yu，2005；Bharath et al.，2008；Baber et al.，2013；杨大楷和王鹏，2014）。企业创始人家庭持股比例与债券价差呈U型关系，一开始创始人家庭持股比例越高，债券价差越低，但持股高于某一数值时股东和债权人间的代理冲突会提高债券价差（Anderson et al.，2003）。对于政府持股的企业，投资者认为这类企业政治风险大，索要的风险溢价高，提高了债券发行价格（Borisova et al.，2015）。

　　然而鲜有文献探讨创新活动如何影响债券价格，且未区分不同类型创新在债券发行市场上的定价差异。那么，债券投资者是如何看待企业实施探索型创新（非改进型创新），将探索型创新更多解读为价值增长抑或是风险违约的信号？

　　本章认为，在我国目前创新专利"量多质低"的现状下，探索型创新具有区别于一般创新活动的信息效应、价值效应。企业开展探索型创新活动，不仅能够降低企业与债券投资者之间的信息不对称，提高信用评级机构对企业的信用评价，还能够获得政府部门提供的资源支持，从而降低了债券投资者感知的信息风险和违约风险，因此减少了其对企业索要的风险溢价。具体而言，探索型创新可能通过信息环境优化机制、信用增进机制影响公司债发行价格。

　　第一，信息环境优化机制。企业与债券投资者之间的信息不对称是影响债券发行价格的重要因素。已有研究表明，债券投资者主要依据会计信息来评估发债企业的财务状况和信用水平（Khurana 和 Raman，2003），发债企业的信息质量会直接影响债券投资者对企业信息风险的预期。信息质量较差的企业，投资者无法准确评估企业的真实经营情况以及难以合理预期企业未来的发展前景，因而投资者会索要更高的债券风险溢价，这会增加企业的债券融资成本（Bharath 等，2008；杨大楷和王鹏，2014）。相较于一般创新活动，企业开展探索型创新可能从供需双方促成分析师对企业关注度的增加，这有助于缓解企业与债券投资者之间的信息不对称，从而降低债券发行价差。从市场需求角度来看，由于我国企业创新尚处于从量到质的过渡阶段，实施探索型创新的企业能够吸引较多的投资者关注。而探索型创新是具有高技术含量的突破性发明创造，投资者较难基于过往经验评估探索型创新的价值，因此提高了投资者对专业分析师信息搜集、解读分析的需求（李哲等，2021）。从市场供给角度来看，分析师搜集和解读探索型创新的异质性信息，不仅能在分析师劳动力市场中展现自身的专业能力（Barth 和 Mcnichols，2001），同时还能够增加投资者对探索型创新的了解，促成长期交易，增加其佣金收入。因而企业开展探索型创新能够

吸引更多分析师的跟踪。已有研究也证实，分析师会关注企业的创新情况
（Guo等，2019）。作为资本市场专业的信息中介，分析师对企业探索型创
新私有信息的挖掘、解读和对企业未来经营风险、现金流价值的预测，会
增加处于信息劣势的投资者信息来源，从而影响投资者的交易决策，驱动
证券价格的波动（Drake等，2012）。因此，探索型创新能够通过吸引分析
师关注这一信息环境优化机制降低投资者感知的信息风险，进而降低公司
债发行价差。

第二，信用增进机制。发债企业的信用评级是债券投资者进行债券风
险定价的重要依据之一。已有研究表明，专业评级机构通过考察发债企业
获得非公开市场信息，并出具信用评级报告以揭示企业信用风险（沈红波
和廖冠名，2014），而这一信息会被债券投资者关注并据此进行决策。一
般来说，较低的信用评级反映企业偿债能力有限，投资者将会感知此类风
险，进而索要更高的风险溢价（Ederington和Goh，1998）。开展探索型创
新能够帮助企业获得长期竞争优势，有利于降低债券违约风险、增强主体
资质，提高企业自身的信用等级。企业实施探索型创新，意味着很可能
拥有高质量专利和前沿先进技术，这会给企业带来市场领导者的地位优
势，从而提高新进入者的进入成本，阻止同行企业的竞争，使得探索型创
新程度高的企业更容易在产品市场上获得长期领先优势，获得较为丰厚的
长期销售利润和超额垄断收益。也就是说，探索型创新带来的长期竞争优
势能够提升企业基本面价值，这有助于企业赢得专业评级机构的支持和正
面评价。与此同时，企业实施探索型创新所蕴含的竞争优势信息会被具有
信息挖掘和解读能力的评级机构识别，并据此对企业信用水平以及违约可
能性进行专业判断，从而给予企业较高的信用评级。已有研究发现，信用
评级越高的债券越容易受到债券投资者的青睐，有利于降低企业的债券发
行成本（何平和金梦，2010；方红星等，2013）。因此，探索型创新能够
通过提高企业信用评级这种债券信用增进机制，有效降低企业的债券发行
价差。

综上所述，提出本章的假设H1：其他因素一定的情况下，企业探索型

创新程度越高，债券发行价差越低。

　　企业探索型创新对债券发行价差的作用会受到内外部环境的影响。本章将从微观、中观、宏观三个角度，即企业成长性、行业属性以及市场化环境的角度，进一步讨论企业探索型创新对债券发行价格影响的异质性。

　　从微观角度来看，企业成长性表征了企业的成长和发展能力。高成长性的企业往往表现为收益高、资源充足、竞争力强等，低成长性的企业则表现为收益较低、资源匮乏、竞争力较弱等。因此，在不同成长性的企业中实施探索型创新所包含的价值信息可能存在差异，这很可能导致探索型创新对债券发行价格的影响效果产生明显不同。一方面，企业成长性越高，制定合适的战略与方向对于企业未来愈加重要。高成长性的企业高管则更加重视企业的长期发展，会提高企业的持续经营能力，在这种情况下探索型创新对企业的盈利和竞争能力的提升尤为重要，所以高管会提高企业的创新质量和信息质量，进而能够降低债券投资者对企业违约可能性的感知，降低对债券风险溢价的索要程度，使得企业的债券发行成本降低。另一方面，高成长性往往与较高的治理水平相匹配。企业的治理水平较高，不仅能够降低企业内部代理问题，还能优化企业的信息环境，进而提高企业的经营、投资效率，促进企业长期健康发展。因此，相对于低成长性的企业，成长性高的企业实施探索型创新预示着创新的成功率和产生的经济价值相对更高，这将更有利于降低债券投资者对企业可能的违约风险的预期，进而降低探索型创新企业的债券发行价格。基于上述分析，提出本章的假设H2a：相比于低成长性企业，高成长性企业的探索型创新更能降低债券发行价差。

　　从中观角度来看，企业所处的行业特性是影响企业经营发展的重要因素之一。产业政策是国家经济转型发展中非常重要的一项举措，受到产业政策支持的行业不仅代表未来很长一段时间内国家重点关注和支持的产业，还能得到政府政策实际的支持和优惠，以助力这类产业的发展、壮大。因而，企业所处行业是否受到产业政策支持，对于企业未来经营发展情况具有重要作用，那么，其探索型创新活动所包含的价值信息也将存在差异，对债券发行价格的影响效果也将不同。一方面，受到产业政策支持的企业传递了一种资源优势信号，降低了债券投资者感知的违约可能性，从而使得债券投资者更愿意为产业政策支持的企业进行探索型创新支持，降低对这类企业索要的风险溢价。相对于未受到产业政策支持的企业，属于产业政策支持行业的企业更容易获得政府的政策补贴、信贷资源、税收优惠等有利条件，从而使得企业具有较为充足的资金进行发展运营，能够促使企业探索型创新活动顺利开展、进行成果转化收获经济价值，进而有利于债券投资者对企业能够创造的未来长期垄断收益和价值前景形成良好预期，因此能够获得较低的债券发行价差。另一方面，属于产业政策支持的行业，更容易受到债券投资者的关注，从而增强探索型创新对债券发行价差的影响。相对于不属于产业政策支持的行业，受到产业政策支持的行业的投资活动往往包含国家未来一段时间内产业经济发展的重点方向，并预示了未来市场收益的增长点，这在很大程度上会提高债券投资者的投资意愿，降低对这类企业感知的违约风险，进而更愿意支持属于产业政策支持企业的探索型创新活动，并将其解读成未来盈利和价值增长的重要信号，进而降低对这类企业索要的债券发行风险溢价。基于上述分析，提出本章的假设H2b：相比于不属于产业政策支持的行业，处于产业政策支持行业的企业实施探索型创新更能降低债券发行价差。

从宏观角度来看，市场化水平是影响企业经营决策与创新投资的重要外部因素。我国处于经济转型过程中，渐进式的市场化改革和地区间资源禀赋的差异，造成我国市场化进程存在明显的地域差异。地区市场化发展程度的差异会造成企业开展探索型创新的意愿和能力的差异，进而影响债券投资者对探索型创新企业的违约风险与价值前景的判断，最终给予企业探索型创新不同的债券定价。一方面，市场化发展程度较好的地区，其要素市场发育较为完善，政府对要素（产品）的定价权、分配权的控制程度较弱，从而使得资本、劳动、技术等要素能够更好地按照市场供需形成有效的价格机制，这就使得企业探索型创新能够得到更为市场化的资源配置和成果转化，这对于企业获取长期垄断收益和竞争优势极为有利，进而可能有效降低债券投资者感知的债券违约风险，使得企业获取较低的债券发行价差。也就是说，相对于要素市场发展较差的地区，处于要素市场发展较好地区的探索型创新企业的债券发行价差较低。另一方面，市场化发展程度较好的地区，其中介法律组织发育得也较为完善，知识产权保护程度较高，金融契约的执行效率也相对较高，从而使得投资者的合法权益能够得到及时保护，降低投资者不必要的投资损失。因而，相对于市场化水平较低的地区，处于市场化水平较高地区的企业探索型创新活动包含的市场价值和经济价值更容易得到债券投资者的认可和支持，同时对未来可能涉及的债务契约执行力度也较为信任，故而很可能降低债券投资者对探索型创新企业违约可能性的感知，最终使得探索型创新企业获得较低的债券发行价差。综上分析，提出本章的假设H2c：相比于市场化发展水平较低的地区，处于市场化发展水平较高地区的企业，其探索型创新对债券发行价差的降低作用更为明显。

二　研究设计

（一）样本选择与数据来源

本章选取2007—2020年沪深两市A股上市公司发行的公司债券为研究样本，并根据研究需要对原始样本进行以下步骤的筛选处理：一是剔除了金融行业的发行主体；二是剔除了ST/PT的发行主体；三是剔除了财务数据缺失的样本；四是剔除其他变量观测值缺失的样本。同时，为了克服极端值的影响，对所有连续变量进行1%和99%分位的缩尾（Winsorize）处理。最终，本章共得到1060个样本观测值。其中，债券相关数据来自WIND数据库，发行主体的财务数据来自CSMAR数据库，上市公司探索型创新指标所涉及的专利分类号数据是基于CNRDS数据库发布的专利分类号信息整理得出。

（二）主要研究变量的定义

被解释变量：债券信用利差（*Spread*）。本章借鉴相关研究，采用债券发行票面利率与同期可比国债到期收益率之间的百分点差额衡量债券信用利差（王雄元和高开娟，2017；林晚发等，2018；王叙果等，2019）。

解释变量：企业探索型创新（*Break_Innov*）。探索型创新是对新技术领域的探索，突破了现有知识、技术的边界。借鉴相关文献，本章构建以下两种探索型创新的测量方式。

首先，参考Makri等（2010）、李哲等（2021）的方法构建探索型创新，具体公式如下：

$$Break\_Innov = 1 - \sum_{j}^{n} B_{ij}^2 \tag{1}$$

其中，B_{ij}是i公司在j技术大类下的专利比例。具体而言，我国专利分类采用的是《国际专利分类表》制定的分类（IPC分类），本文采用国际专利分类号IPC主分类号前3位代码（专利技术大类）来定义技术领域类别，而不是IPC主分类号前4位代码（专利技术小类）。原因在于，相比于同一个技术大类下的不同小类，不同技术大类间的技术相似度较低，能更好地体现技术的探索程度。因此，*Break_Innov*值越大，说明企业专利分布在更分散的领域，其探索的新技术也更多，意味着企业创新的探索型程度越高。

其次，借鉴以往相关文献的做法（Ahuja & Lampert，2001；Huang & Chen，2010；林明等，2019；李哲等，2021），本章构建了另一种度量方式，即采取企业创新进入的专利技术大类的分类数量来表示企业探索型创新，记为*Break_Innov*1。*Break_Innov*1值越大，表明企业进入的技术领域越多，企业创造的新知识与既往知识的相似度越低。本章将第一种度量方式用于主要实证检验，第二种度量方式则用于稳健性检验。

最后，本章参照林晚发等（2018）的做法，控制了以下变量：企业规模（*Size*）、资产负债率（*Lev*）、资产收益率（*Roe*）、现金流能力（*Ocf*）、产权性质（*State*）、成长性（*Tobinq*）、现金流到期债券保障倍数（*Cashcover*）、第一大股东持股（*Fstholder*）、管理层持股（*Mgholder*）、审计意见（*Opinion*）等发债公司特征变量以及债券发行规模（*Amount*）、债券期限（*Term*）、债券担保（*Guarant*）等债券特征变量。上述变量的具体定义如表4-1所示。

表4-1　主要变量定义

变量类型	变量名称	变量符号	变量定义
被解释变量	债券信用利差	*Spread*	债券发行票面利率－发行时同期限的国债到期收益率
解释变量	探索型创新	*Break_Innov*	企业专利的分散度
		*Break_Innov*1	企业专利跨越专利技术大类的数量，加1后取自然对数
控制变量	企业规模	*Size*	企业总资产的自然对数
	资产收益率	*Roe*	净利润/总资产
	资产负债率	*Lev*	总负债/总资产
	现金流能力	*Ocf*	经营性现金流净流入/总资产
	产权性质	*State*	实际控制人为国企取值为1，否则为0
	成长性	*Tobinq*	托宾Q值
	现金流到期债务保障倍数	*Cashcover*	（经营活动产生的现金流量净额+付现所得税）/现金利息支出
	第一大股东持股	*Fstholder*	第一大股东持股数量/总股数
	管理层持股	*Mgholder*	管理层持股数量/总股数
	审计意见	*Opinion*	无保留标准审计意见为1，否则为0
	债券发行规模	*Mgholder*	债券发行规模的自然对数
	债券发行期限	*Term*	债券发行期限的自然对数
	债券担保	*Guarant*	债券存在担保为1，否则为0
中介变量	债券信用评级	*Bondrate*	将AA以下等于赋值为1，按照等级顺序赋值，依次类推
	分析师关注	*Anst*	分析师跟踪人数的自然对数

（三）研究模型设定

本章构建回归模型（2）考察企业探索型创新对债券信用利差的影响。模型如下：

$$Spread = \alpha_0 + \alpha_1 Break\_Innov + \alpha_2 Controls + \sum Year + \sum Firm + \varepsilon \quad （2）$$

其中，因变量 $Spread$ 是债券发行利差，自变量 $Break\_Innov$ 为企业探索型创新，本章主要关注企业探索型创新的系数 α_1。为排除企业个体特征和时间差异的影响，本章控制了企业个体和年度双重固定效应。

三 实证结果与分析

（一）主要变量描述性统计

表 4-2 是主要变量在样本期内的描述性统计结果，债券信用利差（$Spread$）的样本均值为 1.789，中位数为 1.407，标准差为 1.130，波动范围从 0.440 到 5.313，说明债券信用利差在样本中存在较大差异。企业探索型创新（$Break\_Innov$）的样本均值为 0.333，中位数为 0，标准差为 0.390，波动范围从 0 到 0.907，表明不同企业的探索型创新程度存在明显差异。控制变量的描述性统计结果，可知控制变量基本分布在合理范围内。

表 4-2 主要变量描述性统计

变量	样本量	均值	中位数	标准差	最小值	最大值
$Spread$（%）	1060	1.789	1.407	1.130	0.440	5.313
$Break\_Innov$	1060	0.333	0	0.390	0	0.907
$Size$	1060	25.21	25.44	1.221	21.21	26.55
Lev	1060	0.653	0.675	0.141	0.188	0.925
Roe	1060	0.0745	0.0729	0.0793	−0.771	0.390
Ocf	1060	0.0417	0.0434	0.0568	−0.182	0.249
$State$	1060	0.735	1	0.442	0	1
$Tobinq$	1060	1.249	1.014	0.735	0	10.61
$Cashcover$	1060	2.092	0.533	16.38	−22.27	354.9
$Fstholder$（%）	1060	39.94	41.54	15.43	8.770	74.89
$Mholder$（%）	1060	1.286	0.00160	4.931	0	30.70

续表

变量	样本量	均值	中位数	标准差	最小值	最大值
Opinion	1060	0.995	1	0.0686	0	1
Amount	1060	2.454	2.398	0.664	0.916	4.111
Term	1060	4.205	4	1.595	2	10
Guarant	1060	0.130	0	0.337	0	1
Bondrate	1060	6.317	7	1.249	0	7

（二）相关性分析

表4-3是全样本主要变量的pearson相关系数矩阵。债券信用利差（*Spread*）与企业探索型创新呈显著负相关，且在1%的水平上通过显著性检验。债券信用利差（*Spread*）与控制变量之间基本存在显著性关系，说明控制变量选取较为合理。由以上结果可知，企业探索型创新与债券信用利差存在显著负相关关系，初步支持了企业探索型创新有助于降低债券信用利差这一结论。

（三）单变量分析

在多元回归分析之前，本章进行了探索型创新和债券信用利差的均值差异性检验。根据样本企业中探索型创新（*Break_Innov*）的年度、行业的均值进行分组，分为探索型创新较高组和探索型创新较低组，并采用T检验对两组的债券信用利差（*Spread*）差异进行检验。从表4-4可以看出，探索型程度较高组的债券信用利差的均值为1.638，探索型创新程度较低的企业获得的债券信用利差均值为1.941，且二者均值存在显著性差异。从平均意义上说，不同程度的探索型创新确实会对债券信用利差产生显著影响，初步支持了假设H1，即探索型创新程度高的企业获得的债券信用利差更低。

表 4-3 变量相关性分析

Variables	(Spread)	(Break_Innov)	(Size)	(Lev)	(Roe)	(Ocf)	(State)	(Tobinq)	(Cashcover)	(Fstholder)	(Mholder)	(Opinion)	(Amount)	(Term)	(Guarant)
Spread	1.000														
Break_Innov	-0.210***	1.000													
Size	-0.194***	0.154***	1.000												
Lev	0.222***	-0.136***	0.510***	1.000											
Roe	-0.077**	-0.066**	0.181***	0.052*	1.000										
Ocf	-0.137***	0.200***	0.043	-0.315***	0.071**	1.000									
State	-0.533***	0.086***	0.033	-0.086***	-0.172***	0.042	1.000								
Tobinq	-0.038	0.054	-0.355***	-0.444***	0.140***	0.245***	-0.109***	1.000							
Cashcover	-0.006	-0.004	-0.102***	-0.124***	0.060**	0.190***	-0.041	0.145***	1.000						
Fstholder	-0.226***	-0.005	0.194***	-0.057*	0.105***	0.014	0.319***	0.011	-0.040	1.000					
Mholder	0.212***	0.062**	-0.173***	-0.054*	0.008	-0.049	-0.387***	0.169***	0.033	-0.208***	1.000				
Opinion	-0.105***	0.059*	-0.030	-0.047	0.030	0.021	0.083***	0.015	0.008	0.009	0.015	1.000			
Amount	-0.327***	0.209***	0.590***	0.112***	0.078***	0.093***	0.183***	-0.132***	-0.024	0.269***	-0.186***	0.006	1.000		
Term	-0.143***	0.034	0.057*	0.015	0.033	-0.048	0.081***	0.007	0.023	0.034	-0.030	0.000	0.183***	1.000	
Guarant	0.188***	-0.060*	-0.451***	-0.067**	-0.185***	-0.107***	-0.098***	0.122***	-0.008	-0.149***	0.206***	-0.014	-0.299***	0.056*	1.000

注：***p<0.01、**p<0.05、*p<0.1。

表4-4　单变量T检验　　基于探索型创新倾向分组

变量	均值		均值差异	T值
	探索型创新低组	探索型创新高组		
Spread	1.941	1.638	0.303***	4.389

注：*、**、***分别表示在10%、5%、1%的水平下显著，下同。

（四）假设检验结果与分析

1.企业探索型创新与债券信用利差

为检验企业探索型创新对债券发行成本的影响，本章按照模型（2）对全样本进行回归，结果如表4-5所示。其中，第（1）列是仅有探索型创新变量的回归结果，第（2）列是加入了控制变量的结果。第（1）列中显示，企业探索型创新对债券信用利差的估计系数为-0.5597，在1%的水平上显著。第（2）列中显示，企业探索型创新对债券信用利差的估计系数为-0.2601，在5%的水平上显著。可以看到，不论是否加入控制变量，企业探索型创新对债券信用利差的估计系数均显著为负，表明探索型创新程度越高，企业发行债券的成本越低，假设H1获得了支持。

表4-5　企业探索型创新与债券信用利差

变量	（1）Spread	（2）Spread
Break_Innov	-0.5597***（-4.03）	-0.2601**（-2.37）
Size		-0.1374***（-2.74）
Lev		2.1991***（5.98）
Roe		-2.1881***（-3.96）
Ocf		0.7338（0.83）
State		-1.3038***（-9.15）

续表

变量	（1）Spread	（2）Spread
Tobinq		−0.0739 （−1.36）
Cashcover		−0.0025** （−2.13）
Fstholder		0.0056* （1.76）
Mholder		0.0251** （2.36）
Opinion		−0.6265*** （−2.73）
Amount		−0.2467*** （−3.77）
Term		−0.0645** （−2.04）
Guarant		0.1887 （1.31）
Cons	1.9752*** （42.64）	6.3100*** （5.32）
Year/Firm	是	是
N	1060	1060
R^2	0.0351	0.4515

2.企业成长性程度不同的分组检验

为了检验企业成长性对探索型创新与债券信用利差之间关系的影响，本章采用托宾Q值衡量企业成长性，将样本根据托宾Q值的年度行业的中位数分为两组，即成长性高组和成长性低组。分组检验的回归结果如表4-6所示，第（1）列为成长性高组的结果，发现企业探索型创新对债券信用利差的估计系数为−0.4035，在5%的水平上显著；第（2）列为成长性低组的结果，可以看到，企业探索型创新与债券信用利差之间不存在显著性关系。以上结果表明，探索型创新对债券信用利差的降低作用仅在成长性较高的企业中成立，即相对于成长性低的企业，成长性高的企业实施探索型创新能够获得更低的债券发行成本，假设H2a得到了验证。

表 4-6　企业成长性程度不同的分组检验

变量	成长性高组	成长性低组
	（1） Spread	（2） Spread
Break_Innov	−0.4035** （−1.98）	−0.0428 （−0.29）
Size	−0.0026 （−0.02）	−0.1973** （−2.14）
Lev	1.9208*** （2.99）	1.5382** （2.42）
Roe	−3.1511*** （−3.52）	−0.4809 （−0.50）
Ocf	−0.1692 （−0.12）	1.7079 （1.12）
State	−1.1964*** （−6.93）	−1.2726*** （−6.85）
Cashcover	0.0079 （0.43）	−0.0825 （−1.55）
Fstholder	0.0085 （1.61）	−0.0003 （−0.06）
Mholder	0.0266** （2.01）	0.1027*** （3.86）
Opinion	−0.5315 （−0.82）	0.0000 （.）
Amount	−0.4317*** （−3.06）	−0.2000** （−2.06）
Term	0.0039 （0.08）	−0.0150 （−0.30）
Guarant	0.1371 （0.62）	0.4494* （1.74）
Cons	3.0008 （1.26）	7.2981*** （3.63）
Year/Firm	是	是
N	559	501
R^2	0.4479	0.5730

3.企业所处行业是否为产业政策支持行业的分组检验

为了检验行业特征差异对探索型创新与债券信用利差关系的影响，本章选取是否属于产业政策支持这一重要因素，将样本分为产业政策支持组和非产业政策支持组，进行分组检验。表4-7报告了回归结果，第（1）列为产业政策支持组的回归结果，显示探索型创新对债券信用利差的估计系数为 -1.4462，在1%的水平上显著；第（2）列显示，探索型创新对债券信用利差的估计系数为 -0.1176，但未通过显著性检验。可以看出，企业探索型创新对债券信用利差的降低作用仅在企业属于产业政策支持的行业的情况下显著，这一结果表明，相对于不属于产业政策支持的企业，所处行业属于产业政策支持的企业实施探索型创新能够获得较低的债券发行成本，假设H2b得到了支持。

表4-7　企业所处行业是否属于产业政策支持行业的分组检验

变量	产业政策支持组	非产业政策支持组
	（1） Spread	（2） Spread
Break_Innov	-1.4462*** （-3.49）	-0.1176 （-0.97）
Size	-0.5504** （-2.40）	-0.1281** （-2.06）
Lev	12.5858*** （5.44）	2.2879*** （5.52）
Roe	-10.3115** （-2.67）	-1.7780*** （-2.92）
Ocf	1.1906 （0.28）	1.0279 （1.10）
State	-2.7970*** （-5.74）	-1.4638*** （-12.04）
Tobinq	-3.3391*** （-6.15）	-0.1150 （-1.55）
Cashcover	1.2573*** （4.13）	-0.0005 （-0.04）

变量	产业政策支持组	非产业政策支持组
	（1） Spread	（2） Spread
Fstholder	0.2183*** （4.24）	0.0046 （1.42）
Mholder	0.0803*** （3.65）	0.0351*** （3.21）
Amount	1.8234*** （4.23）	−0.2144*** （−2.70）
Term	−0.5917*** （−3.27）	−0.0292 （−0.92）
Guarant	0.4527 （0.79）	0.3018* （1.94）
Cons	3.0084 （0.58）	5.7130*** （3.85）
Year/Firm	是	是
N	156	904
R^2	0.5163	0.4851

4.企业所在地区市场化发展水平不同的分组检验

为了检验宏观因素对探索型创新与债券信用利差关系的影响，本章分别采用中国分省份市场化指数中的要素市场发育程度得分和中介法律组织发育程度得分来分别衡量要素市场发展水平和契约执行效率（王小鲁等，2017）。根据要素市场发育程度得分的年度中位数，将样本分为要素市场发展水平高组和要素市场发展水平低组，进行分组检验，结果如表4-8的第（1）、（2）列所示。第（1）列显示在要素市场发展水平高组，企业探索型创新对债券信用利差的估计系数为−0.4409，且在1%的水平上显著；第（2）列报告了要素市场发展水平低组的结果，发现探索型创新对债券信用利差的估计系数为−0.2068，并未通过显著性水平检验。可以看出，企业探索型创新对债券信用利差的降低作用仅在要素市场发展水平较高的地区显著，这表明相对于要素市场发展水平较低的地区，所处地区要素市场发展水平较高的企业实施探索型创新能够获得更低的债券融资成本。类似地，本章根据中介法律组织发育程度得分的年度中位数，将样本分为契约执行效率高组和契约执行效率低组，进行分组检验。表4-8的第（3）、（4）列报告了结果，第（3）列报告在契约执行效率高组，企业探索型创新对债券信用利差的估计系数为-0.6288，且通过1%水平上的显著性检验；第（4）列报告了契约执行效率低组的结果，发现探索型创新与债券信用利差之间不存在显著的关系。由此可知，企业探索型创新对债券信用利差的降低作用仅在契约执行效率高的地区存在，这表明相对于契约执行效率较低的地区，所处地区契约执行效率高的企业实施探索型创新能够获得更低的债券融资成本。综合以上分组检验结果，可以得出，相对于市场化发展水平较低的地区，企业所处地区市场化水平较高时，探索型创新程度越高，其获得的债券发行成本越低，从而支持了假设H2c。

表4-8　企业所处地区市场化发展水平不同的分组检验

变量	要素市场水平高组	要素市场水平低组	契约执行效率高组	契约执行效率低组
	（1） *Spread*	（2） *Spread*	（3） *Spread*	（4） *Spread*
Break_Innov	-0.4409*** （-2.77）	-0.2068 （-1.63）	-0.6288*** （-4.13）	0.1143 （0.69）
Size	-0.1367* （-1.80）	0.2210* （1.99）	-0.1844** （-2.36）	0.0000 （0.00）
Lev	2.4810*** （4.69）	-2.9398*** （-3.30）	2.2789*** （4.00）	0.6365 （1.10）
Roe	-2.3380*** （-3.42）	-0.7739 （-0.46）	-2.9759*** （-4.25）	0.8480 （0.59）
Ocf	1.3851 （1.29）	-9.1815*** （-5.58）	1.4007 （1.24）	-2.8635** （-2.06）
State	-1.3111*** （-9.86）	-4.5535** （-2.17）	-1.3850*** （-9.92）	-0.6883*** （-3.01）
Tobinq	-0.0840 （-1.24）	-0.5339 （-1.36）	-0.1120* （-1.69）	-0.6186*** （-3.46）
Cashcover	-0.0021 （-0.51）	0.0466 （0.99）	-0.0026 （-0.65）	0.0004 （0.02）

变量	要素市场水平高组 (1) Spread	要素市场水平低组 (2) Spread	契约执行效率高组 (3) Spread	契约执行效率低组 (4) Spread
Fstholder	0.0078** (2.04)	−0.0143*** (−2.90)	0.0081** (2.18)	−0.0031 (−0.62)
Mholder	0.0257** (2.26)	−0.1398* (−1.98)	0.0169 (1.47)	0.1214*** (5.96)
Opinion	−0.8732 (−1.05)	3.6595* (1.68)	−0.9223 (−1.16)	−0.8779* (−1.73)
Amount	−0.3023*** (−2.68)	0.0021 (0.02)	−0.2457** (−2.25)	−0.1553 (−1.51)
Term	−0.0710 (−1.58)	0.0740* (1.99)	−0.0504 (−1.30)	0.0324 (0.57)
Guarant	0.2078 (1.22)	0.1295 (0.42)	0.0547 (0.31)	−0.8238*** (−3.17)
Cons	6.4765*** (3.56)	−0.3400 (−0.14)	7.9215*** (4.33)	3.5851 (1.66)
Year/Firm	是	是	是	是
N	810	250	733	327
R^2	0.3837	0.4785	0.3113	0.5942

四 稳健性检验

（一）替换变量的衡量方式

考虑到核心变量企业探索型创新的度量方式差异可能会对回归结果产生影响，本章替换了解释变量探索型创新的度量方式，采用前文所述的探索型创新的第二种度量方式，重新对模型（2）进行回归。表4-9列示了回归结果，第（1）列为仅有探索型创新变量的结果，第（2）列是包含控制变量的回归结果，可以看到，无论是否加入控制变量，企业探索型创新对债券信用利差的估计系数均显著为负，这表明企业探索型程度越高，其债券

发行成本越低。这一结果与主回归结果基本保持一致，即探索型创新程度
越高，企业获得的债券发行成本越低。

表4-9 探索型创新变量衡量方式替换的稳健性检验

变量	（1） Spread	（2） Spread
Break_Innov1	−0.1630*** （−4.37）	−0.0762** （−2.54）
Size		−0.1348*** （−2.67）
Lev		2.1770*** （5.87）
Roe		−2.1870*** （−3.96）
Ocf		0.8202 （0.93）
State		−1.3106*** （−9.14）
Tobinq		−0.0763 （−1.41）
Cashcover		−0.0027** （−2.32）
Fstholder		0.0053 （1.64）
Mholder		0.0250** （2.37）
Opinion		−0.6089*** （−2.69）
Amount		−0.2396*** （−3.62）
Term		−0.0628** （−1.99）
Guarant		0.1866 （1.29）
Cons	1.9845*** （44.26）	6.2400*** （5.23）
Year/Firm	是	是

变量	（1） *Spread*	（2） *Spread*
N	1060	1060
R^2	0.0376	0.4517

（二）采用工具变量法缓解内生性问题

本章借鉴罗宏和陈小运（2022）的做法，以企业所在地区高校的基础研究项目投入作为探索型创新的工具变量。企业所在地高校的基础研究项目投入能够有效促进企业探索型创新，但不直接影响公司债券发行定价。原因在于：第一，企业所在地高校的基础研究项目越多，说明高校中与基础研究相关的资源投入越多，越有利于培育敢于尝试、突破、探索的创新氛围，培养更多具有突破性创新精神的科研人员，从而为企业开展探索型创新提供了人力资源支持。第二，企业所在地高校的科研队伍中基础研究人员越多，越能推动对高精尖科技知识的开发、了解及其应用，从而能够更好地为企业实施探索型创新活动提供前沿技术指导，促进企业创新成果的形成与转化。因此，本章采用两个指标度量高校基础研究项目投入：一是企业所在省份高校的基础研究项目占研究项目总数的比重，记为 *BRPNum*；二是企业所在省份高校的基础研究项目科研人员投入占所有研究项目科研人员投入总数的比重，记为 *BRPPep*。

表4-10报告了工具变量法回归的两阶段结果，第（1）、（2）列和第（3）、（4）列分别为企业所在省份高校的基础研究项目比重（*BRPNum*）和基础研究项目科研人员投入比重（*BRPPep*）作为工具变量的两阶段回归结果。第（1）列和第（3）列结果显示，*BRPNum* 和 *BRPPep* 的回归系数均在1%水平上显著为正，说明本文工具变量满足相关性要求。同时，本文进行了弱工具变量检验，发现 Cragg-Donald Wald F 值均大于 Stock-Yogo 检验的临界值，该结果拒绝了弱工具变量假设，表明本文工具变量选取是合理的。第（2）列和第（4）列为工具变量的第二阶段结果，显示探索型创新对公司债发行价差的回归系数仍然在1%水平上显著为负，与主回归结果一致，表明

结果较为可靠。

表 4-10　采用工具变量法的稳健性检验

变量	第一阶段	第二阶段	第一阶段	第二阶段
	（1） Break_Innov	（2） Spread	（3） Break_Innov	（4） Spread
Break_Innov		−5.0936*** （−2.64）		−4.7611*** （−2.71）
BRPNum	0.0374*** （2.79）			
BRPPep			0.0408*** （2.91）	
Size	0.0634** （2.51）	0.1876 （1.02）	0.0634** （2.51）	0.1653 （0.97）
Lev	−0.4856*** （−2.78）	0.0364 （0.03）	−0.4873*** （−2.78）	0.1851 （0.16）
Roe	−1.0043*** （−3.59）	−6.8012*** （−3.03）	−1.0101*** （−3.63）	−6.4839*** （−3.14）
Ocf	1.1741*** （3.57）	6.4291** （2.21）	1.1742*** （3.58）	6.0374** （2.25）
State	0.0620 （1.29）	−1.0053*** （−3.76）	0.0630 （1.32）	−1.0258*** （−4.09）
Tobinq	0.0465 （1.58）	−0.0087 （−0.07）	0.0485 （1.61）	−0.0131 （−0.11）
Cashcover	−0.0004 （−0.33）	−0.0029 （−0.35）	−0.0004 （−0.37）	−0.0029 （−0.36）
Fstholder	0.0005 （0.36）	0.0045 （0.71）	0.0005 （0.39）	0.0046 （0.77）
Mholder	0.0120*** （2.70）	0.0884*** （2.72）	0.0120*** （2.71）	0.0841*** （2.80）
Opinion	0.0725 （0.97）	0.0427 （0.04）	0.0752 （1.01）	−0.0033 （−0.00）
Amount	0.0356 （0.94）	−0.0422 （−0.22）	0.0365 （0.96）	−0.0563 （−0.31）
Term	0.0021 （0.13）	−0.0506 （−0.73）	0.0020 （0.13）	−0.0515 （−0.78）

变量	第一阶段	第二阶段	第一阶段	第二阶段
	（1） *Break_Innov*	（2） *Spread*	（3） *Break_Innov*	（4） *Spread*
Guarant	−0.0823 （−1.39）	−0.1541 （−0.47）	−0.0819 （−1.39）	−0.1305 （−0.42）
Cons	−1.5845*** （−2.79）	−0.2736 （−0.07）	−1.6186*** （−2.84）	0.1792 （0.05）
Year/Firm	是	是	是	是
N	1060	1060	1060	1060
R^2	0.1453	0.1297	0.1464	0.1265

（三）控制潜在的遗漏变量问题

考虑到可能存在遗漏变量的问题，会对本章研究结论产生影响。故此，控制了宏观经济因素的影响，原因在于经济发展水平会同时影响企业的创新活动和债券发行成本。本章以企业所在省份的GDP和人均GDPPEr衡量经济发展水平，加入这两个变量指标重新对模型（2）进行回归，结果如表4-11所示。可以看到，当地经济发展水平与债券信用利差存在显著负相关关系，并且探索型创新对债券信用利差的估计系数仍然显著为负，表明企业探索型创新程度对债券发行成本具有降低作用，与主回归结论基本一致。

表4-11 控制潜在遗漏变量的稳健性检验

变量	（1） *Spread*
Break_Innov	−0.3329*** （−3.20）
GDPPEr	−0.4231*** （−4.55）
GDP	−0.2986*** （−3.84）
Size	−0.0827 （−1.65）
Lev	2.2722*** （6.29）

变量	（1） *Spread*
Roe	−2.1241*** （−3.65）
Ocf	0.1698 （0.19）
State	−1.2819*** （−9.34）
Tobinq	−0.0240 （−0.50）
Cashcover	−0.0013 （−1.22）
Fstholder	0.0045 （1.42）
Mholder	0.0258** （2.52）
Opinion	−0.2797 （−0.90）
Amount	−0.2080*** （−3.44）
Term	−0.0632** （−2.12）
Guarant	0.2426 （1.63）
Cons	12.4916*** （8.64）
Year/Firm	是
N	1060
R^2	0.4957

五　影响机制分析

　　市场的不完备导致信息不对称与委托代理问题普遍存在，债权人并非完全理解企业探索型创新包含的信息所蕴含的价值，即使能够理解也不一定能作出理性的投资决策。一方面，评级机构在债权人和发债主体之间充当了信息中介的角色，能够有效缓解企业与债权人之间的信息不对称，从而降低信息不对称带来的债券定价错误程度。已有研究表明信用评级在债券市场上具有信息效应，信用评级能够降低市场信息不对称，帮助债券投资者判断债券违约风险。相对于分散的债券投资者，评级机构在获取、处理和分析信息上具有规模成本优势和技术优势，评级机构更有能力获取发行债券企业的私有信息，并能更好地理解企业探索型创新活动所包含的有关企业经营状况和未来发展前景的隐含信息，从而改善债券投资者对债券违约可能性的预期，降低其对实施探索型创新企业索要的风险溢价。因此，本章认为企业探索型创新倾向能够通过影响债券信用评级进而作用于债券发行成本，即债券信用评级的中介路径。另一方面，除了信用评级机构是债券市场上重要的信息中介，金融分析师也具有信息中介的功能。已有大量文献对分析师的信息和治理效应提供了较为广泛的证据。企业开展探索型创新活动会吸引分析师的关注，分析师的信息搜集、处理活动能够增强市场的定价效率，从而使得债券投资者面对的信息风险降低。同时，由于分析师对企业具有外部治理效应，能够较好地监督企业管理层的机会主义行为，从而有助于企业创新活动的开展和成果转化等一系列工作顺利实施，进一步提高企业未来现金流流入和长期价值增长。这在一定程度上降低了债券投资者对实施探索型创新企业可能发生债券违约的预期，进而降低对这类企业发行债券索要的风险溢价。因此，企业探索型创新很可能会通过吸引金融分析师的关注这一路径降低债券投资者感知的发债公司的信息风险和违约风险，进而降低企业的债券发行成本，本章将之称为分析师关注的中介效应。

　　为了检验上述两种路径，进行了中介效应检验。表4-12报告了债券信用评级的中介效应回归结果，第（1）列为中介效应回归的第一步结果，显示企业探索型创新对债券信用评级的估计系数为0.5401，且在5%的水平上显著，这表明企业探索型创新确实提高了债券信用评级的等级；第（2）列为加入了中介变量债券信用评级的回归结果，发现债券信用评级对债券信用利差的估计系数显著为负，并且此时探索型创新对债券信用利差的估计系数为 –0.1885，在10%的水平上显著。相比于表4-5主回归结果中探索型创新对债券信用利差的估计系数（ –0.2601 ）和显著性水平（ 5% ），均有所下降，这些结果表明债券信用评级在探索型创新对债券信用利差的影响中发挥了部分中介作用。

表 4-12　影响机制检验——信用评级的中介效应

变量	（1） Bondrate	（2） Spread
Break_Innov	0.5401** （1.97）	–0.1885* （–1.80）
Bondrate		–0.2955*** （–6.25）
Size	2.3222*** （11.79）	0.0103 （0.18）
Lev	–8.3148*** （–6.79）	1.6862*** （4.50）
Roe	0.6321 （0.52）	–2.5173*** （–4.33）
Ocf	–2.7933 （–1.61）	0.5545 （0.72）
State	1.1550*** （4.98）	–1.2196*** （–9.85）
Tobinq	0.5455*** （2.89）	–0.0097 （–0.20）
Cashcover	–0.0026* （–1.81）	–0.0022* （–1.94）
Fstholder	–0.0048 （–0.75）	0.0040 （1.32）
Mholder	0.0455* （1.94）	0.0248*** （2.63）
Opinion	0.4951 （0.42）	–0.5573*** （–4.07）
Amount	0.4775*** （2.71）	–0.1721*** （–2.95）

变量	（1） Bondrate	（2） Spread
Term	0.2200** （2.32）	−0.0463 （−1.64）
Guarant	4.6758*** （6.96）	0.4002*** （2.63）
Cons		4.3617*** （3.79）
Year/Ind	是	
Year/Firm		是
N	1060	1060
Pseudo R^2	0.4027	
R^2		0.5326

类似地，表4-13列示了分析师关注的中介效应检验结果。第（1）列是分析师关注作为中介变量的第一步回归结果，即企业探索型创新对分析师关注的影响，可以看到探索型创新显著提高了分析师的关注度。第（2）列是加入中介变量分析师关注的回归结果，发现分析师关注对债券信用利差的估计系数为−0.1106，在10%的水平上显著，探索型创新对债券信用利差的估计系数为−0.2211，在5%的水平上显著。相比于表4-5中探索型创新对债券信用利差的估计系数（−0.2601），此时探索型创新的估计系数大小有所下降，这一结果表明分析师关注在探索型创新对债券信用利差的影响中起到了部分中介的作用。

表4-13　影响机制检验——分析师关注的中介效应

变量	（1） Anst	（2） Spread
Break_Innov	0.3532*** （3.34）	−0.2211** （−1.97）
Anst		−0.1106* （−1.77）
Size	0.7357*** （11.94）	−0.0561 （−0.88）

续表

变量	（1） Anst	（2） Spread
Lev	−1.8313*** （−4.27）	1.9967*** （5.13）
Roe	1.3561** （2.02）	−2.0381*** （−3.66）
Ocf	−0.1014 （−0.10）	0.7226 （0.82）
State	−0.5453*** （−4.40）	−1.3640*** （−9.33）
Tobinq	0.4395*** （6.29）	−0.0253 （−0.42）
Cashcover	−0.0066*** （−5.03）	−0.0032*** （−2.59）
Fstholder	−0.0063** （−2.03）	0.0049 （1.49）
Mholder	−0.0145* （−1.89）	0.0235** （2.26）
Opinion	0.9752 （1.50）	−0.5187*** （−2.64）
Amount	−0.0672 （−0.91）	−0.2541*** （−3.93）
Term	−0.0117 （−0.42）	−0.0658** （−2.11）
Guarant	−0.4076** （−2.53）	0.1436 （0.98）
Cons	−15.9792*** （−10.54）	4.5433*** （3.17）
Year/Firm	是	是
N	1060	1060
R^2	0.5513	0.4569

六 小结

本章以2007—2020年我国A股非金融行业的上市公司发行的公司债券

为样本，研究了以下问题：企业探索型创新活动在债券市场上的定价情况如何，债券投资者如何看待企业的探索型创新活动？探索型创新能否被债券投资者有效识别，降低企业的债券发行成本？微观企业、中观行业特征以及宏观环境等因素的差异是否会影响探索型创新对债券发行成本的作用效果？企业探索型创新影响债券发行成本的作用机制是什么？

本章的实证检验得出以下结果：首先，企业探索型创新程度越高，其债券发行成本越低。总体表明，债券投资者将探索型创新活动视为价值增长的积极信息，从而使得探索型创新程度高的企业获得较低的债券发行成本。其次，进一步研究发现，企业探索型创新对债券发行成本的降低作用在成长性较高的企业、产业政策支持的行业以及要素市场发展和金融契约执行效率较高的地区中更为显著。最后，深入分析探索型创新对债券发行成本的作用路径发现，企业探索型创新通过影响评级机构对债券信用评级和分析师关注这两条路径作用于债券发行成本。中介效应检验表明，债券信用评级和分析师关注在企业探索型创新影响债券发行成本中起到了部分中介的作用。

本章的研究结论具有以下政策建议与启示。第一，债券投资者关注了企业创新行为的差异，降低了对探索型创新程度高的企业索要的风险溢价，说明探索型创新在债券市场上获得了投资者的理解和投资支持。这一研究结论表明我国要进一步发展债券市场，完善债券市场的信息披露等监督制度，提高企业的直接融资比例，使得高质量的创新企业能够获得金融支持，从而优化金融资源配置效率，助力经济高质量发展。第二，针对中介机构而言，监管部门加强信用评级机构的评级工作的标准规范，加大评级机构的人才队伍建设，培育具备新兴科技行业的专业评估团队，从而有助于提高评级报告的信息价值与可靠性，最终提升债券市场的定价效率。第三，从配套制度与设施而言，进一步提高市场化水平，降低要素市场扭曲程度，使得各种要素能实现价格决定供需的机制，进而有利于提升创新要素投入和产出成果的合理定价以及技术转化和市场应用。同时，中介法律组织的健全与完善亟待提升，这无论是对于企业创新环境的培育还是投资者权益的保护乃至债券市场的健康发展都至关重要。中介法律组织等软制度不仅能够提高企业创新的积极性、提高创新经济价值，还能使得债券投资者的合法权益及时得到维护，从而提升债券市场的资源配置效率，助力我国创新企业高质量发展。

企业探索型创新与商业信用融资

　　商业信用是非正式金融融资的重要方式之一，是上游企业赋予下游企业的一种重要的短期融资资源。我国金融体系是以信贷市场为主体，企业主要通过间接途径获得融资。在所有制歧视和规模歧视的信贷市场上，商业信用对于我国企业经营发展起到了重要支持作用。鉴于商业信用的重要性以及普遍性，学术界对其展开了较为广泛的研究，重点探讨了商业信用的存在动机及其影响因素。另外，我国当前经济下行压力较大，企业过度使用甚至拖欠商业信用对经济运行造成了较为严重的负面影响，已经引起政府部门的高度重视。因此，在内外部环境变化之际，研究企业如何调整兼受融资和经营影响的商业信用水平，对于拓宽供应链金融研究、厘清企业融资行为具有重要意义。

　　本章利用2007—2020年A股上市公司的专利技术分类信息，构建探索型创新指标，研究了探索型创新对商业信用的影响。实证结果发现，企业探索型创新程度越高，商业信用使用水平越低。进一步地，从微观、中观、宏观的角度，分析探索型创新对商业信用使用的影响效果在不同情境下的差异，结果发现在成长性较高、竞争程度较低的行业以及宏观经济处于下行时期，探索型创新对商业信用融资的降低作用更为明显。影响机制分析表明，探索型创新主要通过提高企业对正式金融性融资的可得性，包括银行借款和债券融资这两条路径作用于商业信用，银行短期借款和应付债券在探索型创新对商业信用的影响中发挥了部分中介作用。这一结果表明，商业信用主要体现为替代性融资渠道，与以往的研究结论一致。此外，在经过替换变量、采用工具变量、控制潜在遗漏变量等稳健性检验之后，本章的主要研究结果依然比较可靠。

一　理论分析与假设提出

商业信用是企业重要的债务融资方式之一，也是非正式金融融资的方式之一。已有文献主要从需求和供给角度，对企业商业信用的存在或使用动机展开了研究。从商业信用的需求角度出发，替代性融资理论强调商业信用在本质上是一种企业间互助的非正式融资方式，主要体现为融资效应。Stiglitz 等认为，由于银行机构与企业之间存在信息不对称，很可能引发道德风险问题，从而导致一些企业无法获得银行贷款。相比于银行机构，供应商具有信息优势和财产挽回能力，因此供应商会向企业提供商业信用，这在一定程度上缓解信贷配给不均衡问题，提高了资金配置效率（Fisman & Love，2003）。因此，在面临较强的信贷融资约束时，企业通常会提高对商业信用融资的使用以减轻短期借款难以获得或下降带来的不利影响。

从商业信用供给角度来看，买方市场假说则强调商业信用是供应商促销和相互竞争的手段之一。已有文献发现，供应商乐于向那些市场地位较高、信誉良好的客户提供商业信用，认为商业信用的大量使用可能与客户的市场地位有关（Wilson et al.，2002；Giannetti et al.，2011）。国内学者也证实，市场地位高的公司谈判能力更强，能够获得较多的商业信用；而供应商集中的公司相对谈判能力较弱，获得的商业信用较少。因此，当买方处于强势地位而卖方存在较激烈的竞争时，供应商往往会为了促进销售和获得市场份额主动向客户提供商业信用进而提升其市场竞争力（VanHoren，2005）。

此外，部分学者对企业商业信用水平的影响因素也展开了研究。一方面，已有商业信用文献表明，财务信息质量、资产抵押、会计处理方式、公司战略等企业内部特征因素会影响企业获得商业信用融资水平。企业财务信息质量提高会增加其获得的商业信用（陈红等，2014），资本化研究开发支出（唐松等，2017）和较多的可抵押资产（程新生等，2017）也有助于增加企业获得的商业信用；更深层地，公司战略会对商业信用融资产生影响，相比于防御型战略，实施进攻型战略的企业获得商业信用水平更高（方红星等）。另一方面，从外部环境来看，审计师治理、财政补贴、产融结合、定向降准等金融政策会对企业商业信用水平产生影响。陈运森等发现，高质量的外部审计可以有效降低商业信用成本。产融结合使得企业获得了较多的金融负债，从而降低了对商业信用融资的使用（张新民等，2021），定向降准政策则是鼓励银行向小微企业贷款，疏通企业更多使用正式融资，进而降低了其对非正式融资（商业信用）的使用（孔东民等，2021）。

然而鲜有文献探讨创新活动如何影响企业商业信用融资水平，且未区分不同类型创新对企业商业信用融资的影响。企业实施探索型创新（非改进型创新）是否会影响商业信用融资，又是通过何种渠道来影响？理论上来说，基于商业信用的替代性融资理论，企业探索型创新很可能通过提高银行借款、债券融资等正式融资水平和资金使用成本，进而降低企业对非正式融资（商业信用）的使用；基于商业信用的买方市场理论，企业探索型创新很可能降低供应商的集中度，进而增加供应商为企业提供的商业信用水平。然而，在国内文献方面，大多数研究支持了替代融资假说，认为当企业在信贷融资受限时会更多地采用商业信用融资进行提高，进而一定程度上缓解了银行信贷歧视带来的融资困境（卢峰和姚洋，2004；黄兴孪等，2016）。因此，本章认为，在金融发展尚不完善、信贷配给程度较高的现实背景下，商业信用的使用更可能为替代性融资的表现，企业探索型创新可能获得正式金融融资，进而降低对商业信用的使用。具体分析如下：

根据商业信用的替代性融资理论，信贷配给的存在导致部分企业无法获得充足的正式金融融资。为弥补现金流缺口、补充短期流动性，企业会增加商业信用使用。与此同时，企业也需要承担因放弃提前付款折扣的隐含资金成本。那么，作为理性经济人的企业，会权衡正式金融融资成本和使用商业信用的隐含成本的大小，如果发现正式金融融资成本低于商业信用的隐含成本，企业会选择增加使用正式金融融资，同时减少非正式金融融资商业信用的使用。

企业探索型创新具有缓解信息不对称的"信息效应"和影响金融机构决策的"价值效应"，这可能给企业带来长期稳定且更低成本的融资资源。一方面，从探索型创新的"信息效应"角度，探索型创新会吸引分析师和长期价值投资者等市场参与者的关注，能够降低企业内部与债权人之间的信息不对称，有助于债权人更加深入、更加全面地了解企业的经营状况、投资效率，进而较为准确地判断企业探索型创新所蕴含的价值、风险信息，以及降低其事后监督项目的成本。如此一来，探索型创新程度高的企业很可能因其信息效应获得金融机构或债券市场投资者的支持，从而降低供应商的信息优势，降低对商业信用融资的使用。另一方面，从探索型创新的"价值效应"角度，当企业探索型创新程度较高时，其拥有的高质量专利数量越多，掌握的前沿现金技术就越多，这很容易给企业带来市场领导者的地位优势。高质量的创新提高了新进入者的进入成本，阻止了同行企业的竞争，使得探索型程度高的企业更容易在市场上获得长期领先优势，其保持竞争优势的时间也可能更长，从而将获得较为丰厚的长期销售利润率和超额垄断收益，同时收获较高的品牌声誉价值。总之，探索型创新蕴含的这些长期竞争优势会提高企业经营业绩稳定性和价值增长前景，这有助于企业得到金融机构和债券市场投资者提供更大规模、更低成本的信贷支持，即增加企业的正式金融融资水平。如此一来，正式金融融资的增加很可能相对提高了使用商业信用的隐含成本，从而使得企业有动力减少商业信用融资水平。

综上所述，探索型创新的信息效应和价值效应会提高企业获得的正式金融融资，进而降低对商业信用融资的使用。基于此，提出本章假设H1。

H1：其他因素一定的情况下，探索型创新会降低企业对商业信用的使用水平。

探索型创新对商业信用融资的作用会受到内外部环境的影响。本章将从微观、中观、宏观三个角度，即企业成长性、行业竞争度以及经济周期的角度，进一步讨论探索型创新对商业信用融资影响的异质性。

从微观角度来看，企业成长性表征了企业的成长和发展能力。高成长性的企业往往表现为收益高、资源充足、竞争力强等，低成长性的企业则表现为收益较低、资源匮乏、竞争力较弱等。因此，在不同成长性的企业中实施探索型创新所包含的价值信息可能存在差异，这很可能导致探索型创新对债券发行价格的影响效果会产生明显不同。一方面，企业成长性越高，制定合适的战略与方向对于企业未来愈加重要。企业的战略方向是由高管团队通过制定战略决策来决定（孙凯等，2019），高成长性的企业高管则更加重视企业的长期发展，会提高企业的经营持续能力，在这种情况下探索型创新对企业的盈利和竞争能力的提升尤为重要，所以高管会提高企业的创新质量和信息质量，有助于企业获得更多金融机构和债券市场投资者的支持，进而削弱对商业信用融资的使用。另一方面，高成长性往往与较高的治理水平相匹配。企业的治理水平较高，不仅能够降低企业内部代理问题，还能优化企业的信息环境，进而提高企业的经营、投资效率，促进企业长期健康发展。因此，相对于低成长性的企业，成长性高的企业实施探索型创新预示着创新的成功率和产生的经济价值相对更高，这将更有利于创新企业获得正式金融性发债，进而降低对企业商业信用的使用。基于上述分析，提出本章的假设 H2a。

H2a：相比于低成长性企业，高成长性企业的探索型创新更能降低对商业信用的使用。

从中观角度来看，行业竞争程度是影响企业探索型创新和商业信用决策的重要因素。企业所处的行业竞争强度不同，其探索型创新对商业信用融资水平的影响效果也可能存在差异。一方面，在弱竞争强度的行业中实施探索型创新的企业能够获得更高的垄断收益和长期价值增长，更能增强金融机构和债券投资者对探索型创新企业的未来盈利预期，进而使得探索型创新程度高的企业更容易获得更多正式金融性融资，降低了对商业信用

118

的使用。相比于身处竞争激烈的行业、弱竞争强度行业的企业而言，由于具有较高的进入壁垒和较少的竞争对手，其实施探索型创新面临的不确定性和竞争压力相对较低，能够保持创新垄断优势的时间更长，因而在弱竞争行业中实施探索型创新的企业更容易获取更高的长期垄断收益，促使探索型创新程度高的企业获得更多正式金融性融资，同时减少对商业信用这一非正式金融融资的使用。另一方面，弱竞争行业可能会进一步提高长期价值投资者、分析师的关注，进而增强探索型创新的信息效应对正式金融性融资的作用。如上所述，相比于处于竞争强度较强的行业，在弱竞争强度的行业中实施探索型创新的企业能够获得更高的长期垄断收益，这很可能促使长期价值投资者出于自身长期投资收益增长的考量而加大对探索型创新企业的关注和持有，或者促使金融分析师出于获取更多有价值的私有信息形成研报而加大对探索型创新企业的跟踪和分析。如此一来，市场中介和长期投资者的关注度提升能够有效提高企业的信息透明度和监督治理水平，使得探索型创新程度高的企业更容易获得正式金融性融资，进而较少使用对商业信用的融资。因此，提出本章的假设 H2b。

　　H2b：相比于处于竞争强度较强的行业，在弱竞争强度的行业中实施探索型创新的企业使用商业信用融资较少。

　　从宏观角度来看，经济周期是影响企业创新投资和商业信用决策的重要外部因素。当国家宏观经济处于不同周期，探索型创新对商业信用融资水平的影响效果很可能产生差异。一方面，从客户的角度来说，相比于处在经济上行时期，经济下行时期微观企业会更加在意资金的使用成本和连续性。探索型创新程度较高意味着企业拥有较多高质量的专利，能为企业带来长期稳定的收益，这在经济下行时期能够显著降低潜在的债权人对企业违约可能性的感知，从而有助于企业获取正规金融机构或者公开债务市场的资金支持。如此，企业在经济下行时期一旦获取信贷资源支持，出于对商业信用使用隐性成本的考虑，更有动机削弱对商业信用的叠加使用。也就是说，相对于宏观经济上行时期，企业探索型创新对商业信用使用的降低作用在宏观经济下行时期更为明显。另一方面，相对于宏观经济上行时期，宏观经济下行时期企业探索型创新的信息效应可能发挥更大的作用，有助于提高企业正式金融性贷款的可得性和使用成本，进而降低对商业信用的使用水平。在宏观经济下行时期，微观企业的信息价值极为重要，能够帮助外部投资者或债权人更全面、深入地认识企业，从而作出合理的投资决策。探索型创新活动会吸引较多金融分析师或长期价值投资者的关注，而市场关注度的提升能够大大降低企业与外部人之间的信息不对称并提升公司治理水平，这为企业在宏观经济下行时期获取正规金融性融资提供了有利条件，从而较为明显地提高了企业获得的正式金融性贷款，其对商业信用的使用也将减少。因此，相对于宏观经济上行时期，探索型创新对商业信用融资的降低作用在宏观经济下行时期更为明显。基于此，提出本章的假设H2c。

H2c：相比于宏观经济上行时期，探索型创新对商业信用融资的降低作用在宏观经济下行时期更为明显。

二　研究设计

（一）样本选择与数据来源

本章选取2007—2020年全部A股上市公司为研究对象，并根据研究需要对原始样本进行以下步骤的筛选处理：（1）剔除了金融行业的发行主体；（2）剔除了ST/PT的发行主体；（3）剔除了财务数据缺失的样本；（4）剔除了其他变量观测值缺失的样本。同时，为了克服极端值的影响，对所有连续变量进行1%和99%分位的缩尾（Winsorize）处理。最终，本章共得到21095个样本观测值。研究涉及的上市公司数据来自CSMAR数据库，上市公司探索型创新指标所涉及的专利分类号数据是基于CNRDS数据库发布的专利分类号信息整理得出。

（二）主要研究变量的定义

（1）被解释变量：商业信用（*TCredit*）。参考王竹泉等（2017）、胡悦和吴文锋（2022）等相关研究的做法，本章采用应付账款、应付票据和预收账款之和与应收账款、应收票据和预付账款的差与总资产的比值度量商业信用融资。同时，本章也采用应付账款、应付票据和预收款项之和与营业成本的比值度量商业信用（陈胜蓝和马慧，2019），以增强结果的稳健性。

（2）解释变量：企业探索型创新（*Break_Innov*）。探索型创新是对新技术领域的探索，突破了现有知识、技术的边界。借鉴相关文献，本章构建以下两种探索型创新的测量方式：

一种探索型创新的度量方式是参考 Makri 等（2010）、李哲等（2021）的方法，具体公式如下：

$$Break\_Innov = 1 - \sum_{j}^{n} B_{ij}^{2} \tag{1}$$

其中，B_{ij} 是 i 公司在 j 技术大类下的专利比例。*Break_Innov* 值越大，说明企业专利分布在更分散的领域，其探索的新技术也更多，意味着企业创新的探索程度较高。具体而言，我国专利分类采用的是《国际专利分类表》制定的分类（IPC 分类），本章参考 Huang 和 Chen（2010）的做法，采用国际专利分类号 IPC 主分类号前 3 位代码（专利技术大类）来定义技术领域类别，而不是 IPC 主分类号前 4 位代码（专利技术小类）。原因在于，相比于同一个技术大类下的不同小类，不同技术大类间的技术相似度较低，能更好地体现技术的探索程度。

同时，借鉴以往相关文献的做法（Ahuja & Lampert，2001；Huang & Chen，2010；林明等，2019；李哲等，2021），本章构建了另一种度量方式，即采取企业创新进入的专利技术大类的分类数量来表示企业探索型创新，记为 *Break_Innov*1。本章根据 IPC 分类，如果企业创新专利进入了以往没有涉猎的技术分类，说明企业在新的技术领域进行了探索，创造了新知识。因此，*Break_Innov*1 值越大，表明企业进入的技术领域越多，企业创造的新知识与既往知识的相似度越低。本章将第一种度量方式用于主要实证检验，第二种度量方式则作为稳健性检验。

此外，参照已有文献（王竹泉等，2017；方红星和楚有为，2019；陈胜蓝和马慧，2019；胡悦和吴文锋，2022），考虑到其他因素对企业商业信用配置的影响，本章还控制了以下变量：企业规模（Size）、资产负债率（Lev）、资产收益率（Roe）、现金流能力（Ocf）、有形资产率（PPE）、产权性质（State）、公司年龄（Age）、成长性（Tobinq）、第一大股东持股（Fstholder）、独立董事占比（Dboard）、董事长和总经理两职兼任（Dulceo）、财务预警指数（Zscore）。所述变量的具体定义如表5-1所示。

表 5-1　主要变量定义表

变量类型	变量名称	变量符号	变量定义
被解释变量	商业信用	$TCredit$	（应付账款＋应付票据＋预收账款－与应收账款－应收票据－预付账款）/总资产
		$TCredit_1$	（应付账款＋应付票据＋预收款项）/营业成本
解释变量	探索型创新	$Break\_Innov$	企业专利的分散度
		$Break\_Innov1$	企业专利跨越专利技术大类的数量，加1后取自然对数
控制变量	企业规模	$Size$	企业总资产的自然对数
	资产收益率	Roe	净利润/总资产
	资产负债率	Lev	总负债/总资产
	现金流能力	Ocf	经营性现金流净流入/总资产
	产权性质	$State$	实际控制人为国企取值为1，否则为0
	成长性	$Tobinq$	托宾Q值
	有形资产率	PPE	固定资产/总资产
	第一大股东持股	$Fstholder$	第一大股东持股数量/总股数
	独立董事占比	$Dboard$	独立董事人数/董事会总人数
	两职合一	$Dulceo$	董事长与总经理两职兼任时取1，否则为0
	公司年龄	Age	企业成立年限，加1后取自然对数
	财务预警指数	$Zscore$	3.3×息税前利润/（资产总额＋1）×销售收入/（资产总计＋1.4）×留存收益/（资产总额＋1.2）×营运资本/（资产总额＋0.6）×权益市值/负债总额
中介变量	金融性负债	$Fdbet$	（短期借款＋长期借款＋一年内到期的非流动负债＋应付债券）/负债合计

（三）研究模型设定

本章构建回归模型（2）考察企业探索型创新对商业信用融资的影响。模型如下：

$$TCredit = \alpha_0 + \alpha_1 Break\_Innov + \alpha_2 Controls + \sum Year + \sum Firm + \varepsilon \quad （2）$$

其中，因变量 $TCredit$ 是债券发行利差，自变量 $Break\_Innov$ 为企业探索型创新，本章主要关注企业探索型创新的系数 α_1。为排除企业个体特征和时间差异的影响，本章控制了企业个体和年度双重固定效应。

三　实证结果与分析

（一）主要变量描述性统计

表5-2是主要变量在样本期内的描述性统计结果，企业商业信用净占用（$TCredit$）的样本均值为 –0.0040，中位数为 –0.0117，标准差为0.137，下四分位数是 –0.089，上四分位数是0.0665，说明商业信用融资在样本中存在较大差异。商业信用占用（$TCredit_1$）的样本均值为0.482，中位数为0.349，下四分位数到上四分位数的波动范围从0.208到0.583。企业探索型创新（$Break\ Innov$）的样本均值为0.310，中位数为0，标准差为0.390，下四分位数到上四分位数的波动范围从0到0.660，表明不同企业的探索型创新程度存在明显差异。控制变量的描述性统计结果，可知控制变量基本分布在合理范围内。

表 5-2　主要变量描述性统计结果

变量	样本量	均值	标准差	下四分位数	中位数	上四分位数
$TCredit$	21095	–0.0040	0.137	–0.0889	–0.0117	0.0665
$TCredit_1$	21095	0.482	0.465	0.208	0.349	0.583
$Break\ Innov$	21095	0.310	0.340	0	0	0.660
$Break\ Innov1$	21095	1.096	1.109	0	1.099	1.946

变量	样本量	均值	标准差	下四分位数	中位数	上四分位数
Size	21095	21.96	1.212	21.06	21.81	22.68
Lev	21095	0.442	0.211	0.275	0.439	0.602
Roe	21095	0.0639	0.128	0.0324	0.0712	0.115
Ocf	21095	0.0436	0.0723	0.00450	0.0429	0.0854
PPE	21095	0.386	0.180	0.252	0.376	0.510
State	21095	0.413	0.492	0	0	1
Tobinq	21095	2.892	2.111	1.524	2.223	3.473
Fstholder	21095	35.57	15.01	23.55	33.75	46.06
Dboard	21095	39.90	8.757	33.33	37.50	44.44
Dulceo	21095	0.0060	0.0774	0	0	0
Age	21095	2.720	0.380	2.485	2.773	2.996
Z score	21095	5.831	6.077	2.552	3.923	6.504

（二）相关性分析

表5-3是全样本主要变量的pearson相关系数矩阵。商业信用（ $TCredit$ ）与探索型创新（ $Break\_Innov$ ）的相关系数为-0.129，且在1%的水平上通过显著性检验。商业信用与控制变量之间基本存在显著性关系，说明控制变量选取较为合理。以上结果可知，企业探索型创新与商业信用融资存在显著负相关关系，初步表明企业探索型创新程度越高，其商业信用占用越少。

（三）单变量分析

在多元回归分析之前，本章进行了探索型创新和债券信用利差的均值差异性检验。根据样本企业中探索型创新（ $Break\_Innov$ ）的年度、行业的均值进行分组，分为探索型创新较高组和探索型创新较低组，并采用T检验对两组的商业信用（ $TCredit/TCredit_1$ ）差异进行检验。从表5-4可以看出，探索型程度较低组的商业信用净占用（ $TCredit$ ）的均值为0.011，探索型创新程度较高组的商业信用净占用（ $TCredit$ ）的均值为-0.023，二者均值存

表 5-3　变量相关性分析

Variables	(TCredit)	(Break_Innov)	(Size)	(Lev)	(Roe)	(Ocf)	(PPE)	(State)	(Tobinq)	(Fstholder)	(Dboard)	(Dulceo)	(Age)	(Z_score)
TCredit	1.000													
Break_Innov	-0.129***	1.000												
Size	0.288***	0.062***	1.000											
Lev	0.444***	-0.098***	0.458***	1.000										
Roe	-0.004	0.035***	0.085***	-0.149***	1.000									
Ocf	0.150***	0.019***	0.032***	-0.140***	0.227***	1.000								
PPE	0.341***	-0.099***	0.164***	0.363***	-0.086***	0.040***	1.000							
State	0.244***	-0.123***	0.298***	0.322***	-0.045***	0.032***	0.242***	1.000						
Tobinq	-0.198***	-0.026***	-0.450***	-0.330***	0.111***	0.099***	-0.263***	-0.227***	1.000					
Fstholder	0.101***	-0.006	0.199***	0.039***	0.116***	0.076***	0.101***	0.199***	-0.084***	1.000				
Dboard	-0.041***	0.001	-0.067***	-0.084***	0.020***	-0.026***	-0.028***	-0.101***	0.093***	0.039***	1.000			
Dulceo	0.005	0.042***	0.066***	0.029***	-0.008	0.002	-0.031***	-0.034***	-0.029***	-0.045***	-0.028***	1.000		
Age	0.114***	-0.060***	0.234***	0.215***	-0.054***	0.003	0.063***	0.136***	-0.089***	-0.133***	-0.069***	0.042***	1.000	
Z_score	-0.265***	0.011*	-0.379***	-0.643***	0.132***	0.130***	-0.311***	-0.216***	0.591***	-0.059***	0.111***	-0.029***	-0.121***	1.000

注：***$p<0.01$、**$p<0.05$、*$p<0.1$。

仕显著性差异；探索型程度较低组的商业信用占用（$TCredit_1$）的均值为0.501，探索型创新程度较高组的商业信用净占用（$TCredit_1$）的均值为0.456，二者均值存在显著性差异。上述单变量检验结果表明，从平均意义上说，不同程度的探索型创新确实会对商业信用占用产生显著影响，探索型创新程度高的企业，其商业信用程度越低，初步支持了本章假设H1。

表5-4 单变量T检验——基于探索型创新倾向分组

变量	均值		均值差异	T值
	探索型创新低组	探索型创新高组		
$TCredit$	0.011	−0.023	0.034***	18.1235
$TCredit_1$	0.501	0.456	0.045***	6.9901

注：*、**、***分别表示在10%、5%、1%的水平下显著，下同。

（四）假设检验结果与分析

1.企业探索型创新与商业信用融资

为检验企业探索型创新对商业信用融资的影响，本章按照模型（2）对全样本进行回归，结果如表5-5所示。其中，第（1）列是仅有探索型创新变量的回归结果，第（2）列是加入了控制变量的结果。第（1）列显示，企业探索型创新对商业信用融资的估计系数为−0.0102，在1%的水平上显著。第（2）列显示，企业探索型创新对商业信用融资的估计系数为−0.0115，在1%的水平上显著。可以看到，不论是否加入控制变量，企业探索型创新对商业信用融资的估计系数均显著为负，表明探索型创新程度越高，企业商业信用融资越少，本章假设H1获得了支持。

表5-5 企业探索型创新与商业信用融资

变量	（1）TCredit	（2）TCredit
$Break\_Innov$	−0.0102***（−2.99）	−0.0115***（−3.68）
$Size$		0.0041（1.19）

变量	（1） TCredit	（2） TCredit
Lev		0.1942*** （15.28）
Roe		−0.0101 （−1.31）
Ocf		0.2755*** （22.20）
PPE		0.1258*** （11.06）
State		−0.0002 （−0.03）
Tobinq		−0.0011 （−1.36）
Fstholder		0.0001 （0.35）
Dboard		−0.0001 （−0.75）
Dulceo		0.0059 （0.60）
Age		−0.0577*** （−3.78）
Zscore		0.0003 （1.24）
Cons	−0.0137*** （−4.38）	−0.1107 （−1.49）
Year/Firm	是	是
N	21095	21095
R^2	0.0133	0.1737

2.企业成长性程度不同的分组检验

为了检验企业成长性对探索型创新与商业信用融资之间关系的影响，本章采用托宾Q值衡量企业成长性，将样本根据托宾Q值的年度行业的中位数分为两组，即成长性高组和成长性低组。分组检验的回归结果如表5-6所示，第（1）列为成长性高组的结果，发现企业探索型创新对商业信用融

资的估计系数为 –0.0142，在1%的水平上显著；第（2）列为成长性低组的
结果，可以看到，企业探索型创新对商业信用融资的估计系数为 –0.0055，
但未通过显著性水平检验。以上结果表明，探索型创新对商业信用融资的
降低作用仅在成长性较高的企业中成立，即相对于成长性低的企业，成长
性高的企业实施探索型创新更能降低商业信用融资，本章假设 H2a 得到了
验证。

表5–6　企业成长性程度不同的分组检验

变量	成长性高组	成长性低组
	（1）	（2）
	TCredit	TCredit
Break_Innov	–0.0142***	–0.0055
	（–3.17）	（–1.36）
Size	0.0062	0.0095*
	（1.36）	（1.80）
Lev	0.1923***	0.1926***
	（11.47）	（10.89）
Roe	–0.0234**	–0.0126
	（–2.30）	（–1.31）
Ocf	0.2482***	0.3087***
	（14.57）	（18.13）
PPE	0.1013***	0.1393***
	（6.58）	（9.49）
State	0.0109	–0.0171*
	（1.08）	（–1.91）
Fstholder	0.0005**	0.0000
	（2.03）	（0.03）
Dboard	0.0000	–0.0001
	（0.28）	（–1.03）
Dulceo	0.0090	–0.0032
	（0.53）	（–0.26）
Age	–0.0594***	–0.0264
	（–2.95）	（–1.19）
Zscore	0.0002	0.0004
	（0.72）	（0.55）

变量	成长性高组	成长性低组
	（1）	（2）
	TCredit	*TCredit*
Cons	−0.1704*	−0.2918**
	（−1.70）	（−2.55）
Year/Firm	是	是
N	10532	10563
R^2	0.1649	0.1831

3.企业所处行业竞争程度的分组检验

为了检验行业竞争程度对探索型创新与商业信用融资关系的影响，本章采用赫芬达尔指数（HHI）衡量行业竞争程度，该指数值越小表明行业竞争越激烈。本章将样本根据赫芬达尔指数的年度中位数分为两组，进行分组回归检验，结果如表5-7所示。第（1）列是行业竞争程度较弱组的结果，企业探索型创新对商业信用融资的估计系数为−0.0120，且在1%的水平上显著；第（2）列是行业竞争较强组的结果，发现探索型创新与商业信用融资之间不存在显著性关系。从以上结果可以看到，仅在行业竞争较弱组，企业探索型创新对商业信用融资的负向影响显著存在，说明相比处于竞争较强的行业，在竞争较弱的行业中企业的探索型创新活动更能降低商业信用融资水平，从而验证了本章假设H2b。

表5-7 企业所处行业竞争程度的分组检验

变量	竞争程度较弱的行业	竞争程度较强的行业
	（1）	（2）
	TCredit	*TCredit*
Break_Innov	−0.0120***	−0.0043
	（−4.02）	（−1.06）
Size	0.0055***	0.0036
	（3.49）	（1.32）
Lev	0.1886***	0.1889***
	（26.96）	（16.76）

变量	竞争程度较弱的行业	竞争程度较强的行业
	（1） TCredit	（2） TCredit
Roe	−0.0025 （−0.44）	−0.0248*** （−3.30）
Ocf	0.2982*** （30.38）	0.2258*** （14.11）
PPE	0.1324*** （20.41）	0.0934*** （9.19）
State	0.0034 （0.73）	−0.0032 （−0.44）
Tobinq	−0.0014*** （−2.63）	−0.0011 （−1.16）
Fstholder	0.0001 （0.79）	−0.0002 （−1.28）
Dboard	−0.0001 （−1.08）	0.0001 （0.49）
Dulceo	0.0114 （1.35）	−0.0035 （−0.20）
Age	−0.0567*** （−5.94）	−0.0151 （−0.98）
Zscore	0.0004** （2.04）	0.0001 （0.37）
Cons	−0.1466*** （−3.68）	−0.1901*** （−2.99）
Year/Firm	是	是
N	15845	5250
R^2	0.0373	0.0797

4.企业所处经济周期不同的分组检验

为了检验宏观因素对探索型创新与商业信用融资关系的影响，本章从经济周期的角度来考察。借鉴相关文献的做法，将样本期内的2007—2008年、2010—2011年定义为经济上行年份，其他年度为经济下行年份，进行了分组检验。表5-8报告了分组回归结果，第（1）列结果显示，在经济上行年份，企业探索型创新与商业信用融资之间不存在显著性关系，第（2）列结果显示，在经济下行年份，企业探索型创新对商业信用融资的估计系数为 –0.0090，在1%的水平上显著。可以看到，仅在经济下行期间，企业探索型创新对商业信用融资的作用显著存在，这表明相比于经济上行年份，企业探索型创新对商业信用融资的削弱作用在经济下行年份更明显，本章假设H2c得到了支持。

表 5-8　企业所处经济周期不同的分组检验

变量	经济上行年份	经济下行年份
	（1） *TCredit*	（2） *TCredit*
Break_Innov	–0.0064 （–1.13）	–0.0090*** （–3.45）
Size	0.0110** （2.50）	0.0072*** （4.53）
Lev	0.1988*** （12.28）	0.1673*** （24.22）
Roe	–0.0225*** （–2.72）	–0.0155*** （–3.01）
Ocf	0.2853*** （19.17）	0.2725*** （27.76）
PPE	0.1563*** （12.75）	0.1189*** （17.96）
State	0.0029 （0.28）	0.0028 （0.57）
Tobinq	0.0016 （1.41）	–0.0011** （–2.13）
Fstholder	0.0001 （0.58）	–0.0000 （–0.34）
Dboard	0.0002 （1.11）	–0.0001 （–0.80）
Dulceo	–0.0083 （–0.18）	0.0112 （1.53）
Age	–0.1503*** （–4.84）	–0.0112 （–1.15）

变量	经济上行年份	经济下行年份
	（1） *TCredit*	（2） *TCredit*
Zscore	−0.0011** （−2.23）	0.0001 （0.74）
Cons	−0.0541 （−0.48）	−0.2699*** （−5.83）
Year/Firm	是	是
N	5003	16092
R^2	0.1801	0.0212

四 稳健性检验

（一）替换变量的衡量方式

考虑到核心变量企业探索型创新的度量方式差异可能会对回归结果产生影响，本章替换了解释变量探索型创新的度量方式，采用前文所述的探索型创新的第二种度量方式，即企业专利跨越专利技术大类的数量来衡量企业探索型创新（*Break_Innov*1），重新对模型（2）进行回归。表5-9的第（1）列呈现了替换探索型创新变量方式的回归结果，发现企业探索型对商业信用融资的估计系数在1%的水平上显著为负，表明企业探索型创新程度越高，其商业信用融资水平越低，与主回归结果基本一致。另外，本章也替换了被解释变量商业信用的衡量方式，采用应付账款、应付票据、预收款项之和与营业成本的比值来度量商业信任融资（$TCredit_1$），结果如表5-9的第（2）列所示，可以看到，企业探索型创新（*Break_Innov*）与商业信用融资（$TCredit_1$）的关系仍然显著为负。由以上回归可知，在替换解释变量和被解释变量衡量方式重新进行检验之后，其回归结果与前文主回归结果基本保持一致，即探索型创新程度越高，企业商业信用融资水平越低，说明本章研究结论较为可靠。

表 5-9 替换变量衡量方式的稳健性检验

变量	（1） TCredit	（2） $TCredit_1$
Break_Innov1	−0.0048*** （−3.79）	−0.0177* （−1.77）
Size	0.0042 （1.21）	0.0484*** （3.57）
Lev	0.1945*** （15.30）	0.6158*** （12.05）
Roe	−0.0100 （−1.31）	0.0239 （0.91）
Ocf	0.2755*** （22.19）	0.1204** （2.42）
PPE	0.1259*** （11.07）	0.0375 （0.79）
State	−0.0001 （−0.02）	−0.0270 （−0.83）
Tobinq	−0.0011 （−1.41）	0.0055* （1.71）
Fstholder	0.0001 （0.32）	−0.0001 （−0.11）
Dboard	−0.0001 （−0.73）	−0.0002 （−0.57）
Dulceo	0.0057 （0.58）	0.0391 （1.07）
Age	−0.0574*** （−3.76）	−0.1850*** （−3.69）
Zscore	0.0003 （1.27）	−0.0043*** （−4.58）
Cons	−0.1118 （−1.50）	−0.4599 （−1.55）
Year/Firm	是	是
N	21095	21095
R^2	0.1740	0.1081

（二）采用工具变量法缓解内生性问题

为缓解内生性问题，本章借鉴相关文献，以企业所在地区高校科研投入作为探索型创新的工具变量。本章采用两个指标度量地区高校科研投入：一是企业所在省份高校参与研发创新相关工作人员数量的自然对数，表示为 $RDpepole$；二是企业所在省份高校参与研发创新相关工作的科学家和工程师数量的自然对数，表示为 $RDpepole_1$。

表5-10报告了工具变量法回归的两阶段结果，第（1）、（2）列为企业所在省份高校参与研发创新相关工作人员数量作为工具变量的两阶段回归结果，第（1）列的结果显示企业所在省份高校参与研发创新相关工作人员数量（$RDpepole$）对企业探索型创新的影响显著为正，表明该工具变量满足相关性要求。第（2）列为工具变量的第二阶段结果，显示企业探索型创新对商业信用融资的估计系数显著为负，说明企业探索型程度越高，其债券发行成本越低，与基准回归结果保持一致。类似地，表9第（3）、（4）列是以企业所在省份高校参与研发创新相关工作的科学家和工程师数量作为工具变量的两个阶段回归结果。由第（3）列结果可以看到，企业所在省份高校参与研发创新相关工作的科学家和工程师数量对企业探索型创新的影响显著为正，满足工具变量的相关性要求。第（4）列为第二阶段结果，显示企业探索型创新对商业信用融资的估计系数显著为负，表明企业探索型程度越高，其商业信用融资水平越低，与本章主回归结果基本一致。

表 5-10 采用工具变量法的稳健性检验

变量	第一阶段	第二阶段	第一阶段	第二阶段
	（1） Break_Innov	（2） TCredit	（3） Break_Innov	（4） TCredit
Break_Innov		−0.2642* （−1.85）		−0.3349* （−1.89）
RDpepole	0.0500* （1.83）			
$RDpepole_1$			0.0452* （1.66）	

变量	第一阶段	第二阶段	第一阶段	第二阶段
	（1） *Break_Innov*	（2） *TCredit*	（3） *Break_Innov*	（4） *TCredit*
Size	0.0020 （0.35）	0.0046*** （2.69）	0.0020 （0.35）	0.0047** （2.48）
Lev	0.0023 （0.10）	0.1949*** （26.01）	0.0025 （0.11）	0.1952*** （23.35）
Roe	0.0296* （1.87）	−0.0026 （−0.36）	0.0296* （1.87）	−0.0004 （−0.05）
Ocf	−0.0054 （−0.20）	0.2744*** （25.51）	−0.0054 （−0.20）	0.2741*** （22.85）
PPE	0.0332 （1.52）	0.1342*** （15.96）	0.0333 （1.53）	0.1366*** （14.04）
State	0.0134 （0.92）	0.0034 （0.64）	0.0134 （0.92）	0.0044 （0.74）
Tobinq	−0.0044*** （−2.61）	−0.0022** （−2.56）	−0.0044*** （−2.61）	−0.0025** （−2.47）
Fstholder	−0.0010*** （−2.82）	−0.0002 （−1.04）	−0.0010*** （−2.81）	−0.0003 （−1.20）
Dboard	0.0004 （1.46）	0.0000 （0.30）	0.0004 （1.46）	0.0001 （0.48）
Dulceo	0.0331 （1.21）	0.0142 （1.31）	0.0333 （1.22）	0.0166 （1.34）
Age	0.1040*** （2.97）	−0.0301 （−1.62）	0.1045*** （2.98）	−0.0223 （−1.00）
Zscore	0.0006 （0.84）	0.0005** （1.97）	0.0006 （0.84）	0.0005* （1.89）
Cons	−0.5065* （−1.83）	−0.1289*** （−2.99）	−0.4635* （−1.69）	−0.1340*** （−2.77）
Year/Firm	是	是	是	是
N	21095	21095	21095	21095
R^2	0.0346		0.0345	

（三）控制潜在的遗漏变量问题

考虑到可能存在遗漏变量的问题，会对研究结论产生影响。因此，控制了宏观经济因素的影响，原因在于经济发展水平会同时影响企业的创新活动和债券发行成本。本章以企业所在省份的GDP和企业景气指数衡量经济发展水平，分别加入这两个变量指标重新对模型（2）进行回归，结果如表5-11所示。可以看到，经济发展水平与商业信用融资存在显著负相关关系，并且在控制经济发展水平变量之后，探索型创新对商业信用的估计系数仍然显著为负，表明企业探索型创新对商业信用融资具有削弱作用，与主回归结论基本一致。

表5-11　控制潜在遗漏变量的稳健性检验

变量	（1） TCredit	（2） TCredit
Break_Innov	−0.0115*** （−3.68）	−0.0115*** （−3.68）
Size	0.0042 （1.22）	0.0041 （1.19）
Lev	0.1945*** （15.27）	0.1942*** （15.28）
Roe	−0.0102 （−1.33）	−0.0101 （−1.31）
Ocf	0.2750*** （22.17）	0.2755*** （22.20）
PPE	0.1258*** （11.07）	0.1258*** （11.06）
State	−0.0001 （−0.01）	−0.0002 （−0.03）
Tobinq	−0.0011 （−1.32）	−0.0011 （−1.36）
Fstholder	0.0001 （0.32）	0.0001 （0.35）
Dboard	−0.0001 （−0.78）	−0.0001 （−0.75）
Dulceo	0.0061 （0.63）	0.0059 （0.60）
Age	−0.0575*** （−3.77）	−0.0577*** （−3.78）

变量	（1） *TCredit*	（2） *TCredit*
Zscore	0.0003 （1.24）	0.0003 （1.24）
GDP	−0.0193* （−1.65）	
QYJQ		−0.2050*** （−2.78）
Cons	0.0696 （0.52）	0.9091** （2.22）
Year/Firm	是	是
N	21095	21095
R^2	0.1740	0.1737

五　影响机制分析

（一）正式金融融资的中介效应

根据前文理论分析，从商业信用的需求角度看，基于商业信用的替代性融资理论，探索型创新对商业信用的作用机制很可能是通过影响企业从正式金融渠道融资的能力，进而影响作为替代性融资的商业信用需求。银行信贷和债券市场是我国企业正式的金融融资渠道，因此本章预期探索型创新可能通过影响企业的正式金融融资，进而影响商业信用融资水平。为进一步研究探索型创新影响商业信用融资的机制，本章采用中介效应回归法进行检验：第一步，检验探索型创新是否显著影响中介变量正式金融融资；第二步，检验探索型创新和中介变量正式金融融资是否显著影响商业信用融资。

为了验证正式金融融资的中介作用，本章采用短期借款、长期借款、一年内到期的非流动负债和应付债券之和与总负债的比值来衡量正式金融融资（*Fdebt*），表5-12列示了正式金融融资作为中介变量的中介效应检验结果。其中，如第（1）列呈现，探索型创新对正式金融融资的估计系数显著为正，表明探索型创新能够提高企业获得的金融性融资水平；第（2）列显示，正式金融融资对商业信用融资的估计系数在1%的水平上显著为负，企业探索型创新的估计系数也在1%的水平上显著为负，并且与表5-5中探索型创新的估计系数相比，探索型创新的估计系数的绝对值从0.0115下降至0.0096，表明正式金融融资发挥了部分中介效应，正式金融融资的增加是探索型创新降低商业信用融资的重要渠道，结果表明正式金融融资和非正式金融融资之间存在替代关系。

表 5-12　影响机制检验——正式金融融资的中介效应

变量	（1） Fdebt	（2） TCredit
Break_Innov	0.0108* （1.88）	−0.0096*** （−3.27）
Fdebt		−0.1825*** （−24.92）
Size	0.0419*** （7.19）	0.0118*** （3.79）
Lev	0.3255*** （14.35）	0.2536*** （19.79）
Roe	−0.0273** （−2.25）	−0.0151** （−2.05）
Ocf	−0.3417*** （−17.33）	0.2131*** （18.67）
PPE	0.0773*** （3.69）	0.1399*** （13.71）
State	−0.0191 （−1.42）	−0.0037 （−0.50）
Tobinq	0.0014 （0.93）	−0.0008 （−1.10）
Fstholder	−0.0000 （−0.04）	0.0001 （0.39）
Dboard	0.0004** （2.12）	0.0000 （0.02）

续表

变量	（1） Fdebt	（2） TCredit
Dulceo	−0.0013 （−0.10）	0.0056 （0.61）
Age	0.0507* （1.92）	−0.0484*** （−3.51）
Zscore	−0.0079*** （−13.09）	−0.0011*** （−3.94）
Cons	−0.7312*** （−5.53）	−0.2442*** （−3.63）
Year/Firm	Yes	Yes
N	21095	21095
R^2	0.2290	0.2710

（二）分解正式金融融资的中介效应

本章对正式金融融资中介效应进行了分解。具体地将正式金融融资分为短期借款、长期借款以及应付债券三部分，并分别检验它们是否在探索型创新与商业信用融资中发挥中介效应。为此，本章重复上述对金融性融资中介效应检验的步骤，结果如表5-13所示。第（1）、（2）列是短期借款中介效应的检验结果，发现企业实施探索型创新提高了其短期借款水平，并且加入短期借款中介变量之后，探索型创新对商业信用融资的降低作用仍然显著，回归系数绝对值大小有所降低，表明短期借款的增加确实充当了中介路径；类似地，第（3）、（4）列是长期借款中介效应的检验结果，可以看到探索型创新并未对长期借款产生显著影响，故而长期借款中介效应不成立；最后，第（5）、（6）列结果显示，探索型创新显著提高了企业应付债券水平，并且应付债券的增加显著降低了商业信用融资水平，从而导致探索型创新对商业信用融资的降低程度有所下降，这表明应付债券在探索型创新与商业信用融资之间起到了部分中介作用。

表 5-13　影响机制检验——分解正式金融融资的中介效应

	短期借款中介效应		长期借款中介效应		应付债券中介效应	
	（1） Sloan	（2） TCredit	（3） Lloan	（4） TCredit	（5） bond	（6） TCredit
Break_Innov	0.0122** （2.28）	−0.0097*** （−3.25）	−0.0057 （−1.53）	−0.0119*** （−3.82）	0.0053** （2.09）	−0.0111*** （−3.57）
Sloan		−0.1492*** （−22.03）				
Lloan				−0.0707*** （−6.51）		
bond						−0.0709*** （−6.54）
Size	−0.0109** （−2.34）	0.0025 （0.75）	0.0349*** （10.15）	0.0066* （1.95）	0.0101*** （6.65）	0.0048 （1.39）
Lev	0.1675*** （8.99）	0.2192*** （17.65）	0.0830*** （6.06）	0.2001*** （15.54）	0.0516*** （7.55）	0.1979*** （15.54）
Roe	−0.0291*** （−2.99）	−0.0144* （−1.93）	0.0106 （1.47）	−0.0093 （−1.22）	−0.0045 （−1.45）	−0.0104 （−1.36）
Ocf	−0.2474*** （−13.73）	0.2386*** （19.94）	−0.0828*** （−6.41）	0.2696*** （21.96）	−0.0077 （−0.96）	0.2750*** （22.18）
PPE	0.0532*** （2.89）	0.1337*** （12.37）	0.0192 （1.36）	0.1271*** （11.34）	−0.0247*** （−3.97）	0.1240*** （10.92）
State	−0.0261** （−2.22）	−0.0041 （−0.56）	−0.0039 （−0.50）	−0.0005 （−0.06）	0.0066* （1.85）	0.0003 （0.03）
Tobinq	0.0019 （1.42）	−0.0008 （−1.07）	0.0013 （1.62）	−0.0010 （−1.26）	−0.0022*** （−4.52）	−0.0013 （−1.54）
Fstholder	−0.0003 （−1.06）	0.0000 （0.15）	0.0004* （1.84）	0.0001 （0.50）	−0.0001 （−0.78）	0.0001 （0.33）
Dboard	0.0002 （1.30）	−0.0000 （−0.41）	0.0001 （1.06）	−0.0001 （−0.66）	0.0000 （0.11）	−0.0001 （−0.75）
Dulceo	0.0034 （0.27）	0.0064 （0.68）	0.0013 （0.13）	0.0060 （0.60）	−0.0067 （−1.17）	0.0054 （0.55）
Age	0.0526** （2.14）	−0.0498*** （−3.46）	0.0153 （1.01）	−0.0566*** （−3.73）	−0.0065 （−0.65）	−0.0581*** （−3.81）
Zscore	−0.0059*** （−11.63）	−0.0005** （−2.02）	−0.0013*** （−4.20）	0.0002 （0.90）	0.0001 （0.47）	0.0003 （1.25）

	短期借款中介效应		长期借款中介效应		应付债券中介效应	
	（1） Sloan	（2） TCredit	（3） Lloan	（4） TCredit	（5） bond	（6） TCredit
Cons	0.3594*** （3.30）	−0.0571 （−0.82）	−0.7460*** （−9.69）	−0.1635** （−2.22）	−0.2032*** （−5.39）	−0.1251* （−1.69）
Year/Firm	是	是	是	是	是	是
N	21095	21095	21095	21095	21095	21095
R^2	0.1308	0.2290	0.0748	0.1797	0.0704	0.1766

六　小结

　　本章以2007—2020年全部A股非金融行业的上市公司为研究样本，探讨了以下研究问题：企业探索型创新活动是否影响非正式金融融资？具体地，商业信用融资作为最常见且主要的一种非正式融资形式，探索型创新是否会对这类非正式融资产生影响？如果存在影响，微观企业、中观行业以及宏观环境等特征因素的差异是否会影响探索型创新对商业信用融资的作用效果？再者，企业探索型创新影响商业信用融资水平的作用机制是什么？

　　本章的实证检验得出以下结果：企业探索型创新程度越高，商业信用使用水平越低。进一步地，从微观、中观、宏观的角度，分析探索型创新对商业信用使用的影响效果在不同情境下的差异，结果发现在成长性较高、竞争程度较低的行业以及宏观经济处于下行时期，探索型创新对商业信用融资的降低作用更为明显。影响机制分析表明，探索型创新主要通过提高企业对正式金融性融资的可得性，包括银行借款和债券融资这两条路径作用于商业信用，银行短期借款和应付债券在探索型创新对商业信用的影响中发挥了部分中介作用。这一结果表明，商业信用主要体现为替代性融资渠道，与以往的研究一致。上述研究结论对于我国供给侧金融改革、提高金融服务实体经济创新发展，进而提高企业内部流动性管理效率，降低商业信用等"影子银行"的二次配置以防范供应链金融风险具有重要启示意义。

研究结论与启示

一 | 研究结论

金融是现代经济的核心、实体经济的血脉，提高金融服务实体经济的能力是切实推动高质量经济发展的重要基础，也是"十四五"规划期间我国金融改革的最终目标。因此，我国金融能否对企业创新提供合理、有效的支持以适应实体经济的供给侧结构性调整，是一个重要且亟待解决的问题。信贷市场是作为我国实体经济的重要资金来源，其信贷决策对于实体企业创新行为和创新效率具有重要影响。因此，本章基于上述背景，聚焦于债务市场，以信息不对称理论、信号理论、融资优序理论、商业信用理论等为理论基础，考察了企业探索型创新对其债务融资的影响及其内在影响机制，并进一步分析了微观、中观、宏观层面的特征因素对企业探索型创新与债务融资之间关系的影响，分析在企业探索型创新的债务融资影响中正式金融融资与非正式金融融资可能存在的关系。本章以2007—2020年全部A股非金融上市公司为研究对象，经实证研究分析，主要得出以下结论：

第一，探索型创新程度越高，企业获得的银行借款越多，这说明总体上银行关注了企业创新行为的差异，并为探索型创新程度高的企业提供了更多的信贷支持。进一步分析表明，企业探索型创新对银行信贷决策的影响会受到不同因素的影响，在国有企业、弱竞争行业以及要素市场发展较好的地区，探索型创新程度高的企业能够获得更多银行信贷支持。影响机制检验表明，探索型创新提高了银行对企业未来盈利的预期和长期价值投资者的关注，进而促使银行对探索型创新程度高的企业实施资金支持的信贷决策。

第二，企业探索型创新程度越高，其债券发行成本越低。总体表明，债券投资者将探索型创新活动视为价值增长的积极信息，从而使得探索型创新程度高的企业获得了较低的债券发行成本。进一步研究发现，企业探索型创新对债券发行成本的影响会受到不同因素的影响，在成长性较高的企业、产业政策支持的行业以及要素市场发展和金融契约执行效率较高的地区中企业探索型创新程度高的企业获得了更低的债券发行成本。此外，深入分析了探索型创新对债券发行成本的作用路径，发现企业探索型创新通过影响评级机构对债券信用评级和分析师关注这两条路径作用于债券发行成本。中介效应检验表明，债券信用评级和分析师关注在企业探索型创新影响债券发行成本中起到了部分中介的作用。

第三，企业探索型创新程度越高，商业信用水平越低。总体表明，企业探索型创新降低了其对商业信用融资的使用。进一步地，从微观、中观、宏观的角度分析，企业探索型创新对商业信用使用的影响效果在不同情境下的差异，结果发现在成长性较高、竞争程度较低的行业以及宏观经济处于下行时期，探索型创新对商业信用融资的降低作用更为明显。深入分析了企业探索型创新对商业信用的影响机制，发现企业探索型创新主要通过提高企业对正式金融性融资的可得性，包括银行借款和债券融资这两条路径作用于商业信用。中介效应检验表明，银行短期借款和应付债券在探索型创新对商业信用的影响中发挥了部分中介作用。这一结果表明，商业信用主要体现为替代性融资渠道，与以往的研究一致。

二 政策建议与启示

本书具有以下政策建议与现实启示：

从政府层面，应继续深化金融供给侧改革，大力推动现代化金融体系的制度建设，充分发挥金融机构和债券市场在实体经济发展中的资源配置功能，促进具有核心技术竞争力的创新企业的健康发展。首先，完善金融机构支持创新企业的法律政策，全面规范专利质押融资工作中各参与主体的权利责任，建立并优化金融机构落实专利质押融资的评价考核体系，积极引导、鼓励金融机构在风险可控的情况下增加对创新企业融资工作的参与度。同时，大力建设和完善债券市场发展所需要的制度基础，强化司法和执法体系，积极推动证券法院和证券检察院的建立。其次，完善有关创新专利的配套制度与设施，如建立更加完善的知识产权保护制度，提高知识产权专利的审查标准，将不合格、低质量的专利从源头上控制，有效提高获得专利保护的创新成果所蕴含的真实价值。同时，进一步发挥要素市场技术成果转化的功能，使得创新技术能够及时、高效地产生经济价值，降低企业创新风险与银行面对的违约风险。最后，商业银行与政府税收部门、保险机构、风险基金等建立多方合作，探索银行机构服务企业创新的风险补偿机制，增强银行实施专利质押融资工作的可行性，从而助力营造良好的金融生态环境，引导更多的金融资源倾斜至高质量的企业创新。

从金融机构层面，应提升金融服务的广度与深度，改善金融服务的效率与质量。具体而言：首先，建立多层次的金融服务组织体系，引导大型金融机构设立服务企业创新、创业的专业金融部门，开发针对这类企业的多元化、专业化金融服务，对不同行业、不同类型的创新企业设立更加规范、专业、细致的评估标准，培育具有行业专长的创新企业评估队伍，从而有助于对创新企业实施差异化的信贷资源配置。同时，建立针对企业创新、创业的创新式管理模式和数字风险控制体系，加大对人工智能、区块链、云计算、大数据等金融科技工具的应用，提高对这类企业信用评级的准确度和授信额度的精准度，并在授信之后实施动态的智能化跟踪管理，提升金融机构服务的效率与质量。其次，推动大型金融机构对当地中小金融机构的合作，将大型金融机构的资源配置优势与地方中小金融机构服务灵活的特点有效结合，发挥优势互补、高效协同的效应，提升金融服务的广度。此外，在落实金融机构支持创新企业的工作中，需要强化金融机构各组织部门的责任，明确、细化关于创新企业融资的考核评价，避免金融机构在执行过程中盲目放贷、过度放贷等不当行为，降低金融机构不良贷款的增长，提升专利融资工作的质量。

从企业层面，首先应自觉降低获取专利资助政策套利的低质量创新，提高创新活动质量，提高自身在信贷市场上的竞争力，从而实现长期、健康的发展。企业需意识到金融创新科技的发展会提高金融服务的效率，低质量的创新专利不仅很难获取金融资源，对其持续经营发展也不利，因而企业未来应提高创新能力、培养核心技术竞争力，避免追求短期套利收益。其次，中小创新企业可依托其核心创新成果，借助供应链上大型企业的资源优势，与其链接合作以增强企业生存发展的韧性。同时，可以积极借助国家相关普惠金融等措施，争取获得金融资源支持，发挥产融结合的优势，进一步推动企业高质量创新的良性循环。

三 研究局限与未来展望

本书研究企业探索型创新在债务市场上的融资效应，对于现有企业创新相关领域、债务融资相关领域都有所拓展，具有一定的现实意义，但仍存在一些局限和不足。

第一，企业探索型创新指标度量方式有限。关于企业探索型创新的指标度量，囿于收集上市公司在国内外申请的所有专利信息的困难，利用公司披露专利分类号的信息构建了探索型创新程度，未来可以尝试多角度解构专利文本信息，设计更为精准的指标来衡量企业探索型创新。

第二，数据获取有局限。由于无法获得银行与创新企业的信贷合约数据，本书仅从银行借款水平来考察企业探索型创新对银行信贷决策的影响。未来可以通过挖掘专利贷款相关数据，进一步从银行性质、财务状况、担保要求等更细致的方面，多维度地考察、理解银行对企业不同类型创新的信贷决策，从而更深入地探究企业创新在债务合约中的作用。

第二，内生性处理有局限。本书虽然借鉴了现有文献的做法，利用了工具变量法等一系列方法来缓解内生性问题，也具有一定的逻辑合理性，但仍可能无法完全消除企业探索型创新与债务融资之间的内生性。未来的研究中可以寻找适当的工具变量或自然实验冲击来克服内生性问题。

参考文献

［1］陈德球，肖泽忠，董志勇.家族控制权结构与银行信贷合约：寻租还是效率？［J］.管理世界，2013（9）：130-143+188.

［2］陈红，陈玉秀，杨燕雯.表外负债与会计信息质量、商业信用：基于上市公司表外负债监察角度的实证研究［J］.南开管理评论，2014（1）：69-75.

［3］陈胜蓝，刘晓玲.经济政策不确定性与公司商业信用供给［J］.金融研究，2018（5）：172-190.

［4］陈胜蓝，刘晓玲.中国城际高铁与商业信用供给：基于准自然实验的研究［J］.金融研究，2019（10）：117-134.

［5］陈胜蓝，马慧.贷款可获得性与公司商业信用：中国利率市场化改革的准自然实验证据［J］.管理世界，2018（11）：108-120+149.

［6］陈正林.客户集中、行业竞争与商业信用［J］.会计研究，2017（11）：79-85+97.

［7］程新生，程菲.开发支出与商业信用研究［J］.中国软科学，2016（1）：109-120.

［8］褚剑，方军雄，于传荣.卖空约束放松与银行信贷决策［J］.金融研究，2017（12）：111-126.

［9］方芳，蔡卫星.银行业竞争与企业成长：来自工业企业的经验证据［J］.管理世界，2016（7）：63-75.

［10］方红星，楚有为.公司战略与商业信用融资［J］.南开管理评论，2019（5）：142-154.

［11］郭晔，黄振，王蕴.未预期货币政策与企业债券信用利差：基于固浮利差分解的研究［J］.金融研究，2016（6）：67-80.

［12］何平，金梦.信用评级在中国债券市场的影响力［J］.金融研究，2010（4）：15-28.

［13］后青松，袁建国，张鹏.企业避税行为影响其银行债务契约吗：基于A股上市公司的考察［J］.南开管理评论，2016（4）：122-134.

［14］胡国强，盖地.高管股权激励与银行信贷决策：基于我国民营上市公司的经验证据［J］.会计研究，2014（4）：58-65+96.

［15］胡悦，吴文锋.商业信用融资和我国企业债务的结构性问题［J］.经济学（季刊），2022（1）：257-280.

［16］黄兴李，邓路，曲悠.货币政策、商业信用与公司投资行为［J］.会计研究，2016（2）：58-65+96.

［17］江伟，底璐璐，刘诚达.商业信用与合作型客户关系的构建：基于提供给大客户应收账款的经验证据［J］.金融研究，2021（3）：151-169.

［18］鞠晓生.中国上市企业创新投资的融资来源与平滑机制［J］.世界经济，2013（4）：138-159.

［19］孔东民，李海洋，杨薇.定向降准、贷款可得性与小微企业商业信用：基于断点回归的经验证据［J］.金融研究，2021（3）：77-94.

［20］黎文靖，郑曼妮.实质性创新还是策略性创新？：宏观产业政策对微观企业创新的影响［J］.经济研究，2016（4）：60-73.

［21］李诗，洪涛，吴超鹏.上市公司专利对公司价值的影响：基于知识产权保护视角［J］.南开管理评论，2012（6）：4-13+24.

［22］李维安，郝臣，崔光耀，等.公司治理研究40年：脉络与展望［J］.外国经济与管理，2019（12）：161-185.

［23］李哲，黄静，孙健.突破式创新对分析师行为的影响：基于上市公司专利分类和引证数据的证据［J］.经济管理，2021（5）：192-208.

［24］连玉君，彭镇，蔡菁，等.经济周期下资本结构同群效应研究［J］.会计研究，2020（11）：85-97.

［25］林明，鞠芳辉，任浩.高管团队任务断裂带对探索性创新"双刃剑"作用：CEO特征的调节效应［J］.科研管理，2019（12）：253-261.

［26］林晚发，钟辉勇，李青原.高管任职经历的得与失？：来自债券市场的经验证据［J］.金融研究，2018（6）：171-188.

［27］刘督，万迪昉，吴祖光.我国创业板市场能够识别创新质量吗？［J］.科研管理，2016（12）：46-54.

［28］刘海明，李明明.货币政策对微观企业的经济效应再检验：基于贷款期限结构视角的研究［J］.经济研究，2020（2）：117-132.

［29］刘行，赵健宇，叶康涛.企业避税、债务融资与债务融资来源：基于所得税征管体制改革的断点回归分析［J］.管理世界，2017（10）：113-129.

［30］卢峰，姚洋.金融压抑下的法治、金融发展和经济增长［J］.中国社会科学，2004（1）：42-55+206.

［31］陆正飞，杨德明.商业信用：替代性融资，还是买方市场？［J］.管理世界，2011（4）：6-14+45.

［32］罗党论，佘国满.地方官员变更与地方债发行［J］.经济研究，2015（6）：131-146.

［33］毛昊，尹志锋，张锦.中国创新能够摆脱"实用新型专利制度使用陷阱"吗［J］.中国工业经济，2018（3）：98-115.

［34］倪骁然，朱玉杰.劳动保护、劳动密集度与企业创新：来自2008年《劳动合同法》实施的证据［J］.管理世界，2016（7）：154-167.

［35］钱先航，曹廷求.法律、信用与银行贷款决策：来自山东省的调查证据［J］.金融研究，2015（5）：101-116.

［36］权小锋，尹洪英.中国式卖空机制与公司创新：基于融资融券分步扩容的自然实验［J］.管理世界，2017（1）：128-144+187-188.

［37］饶品贵，姜国华.货币政策对银行信贷与商业信用互动关系影响研究［J］.经济研究，2013（1）：68-82+150.

［38］沈红波，廖冠民.信用评级机构可以提供增量信息吗：基于短期融资券的实证检验［J］.财贸经济，2014（8）：62-70.

［39］孙凯，刘祥，谢波.高管团队特征、薪酬差距与创业企业绩效［J］.

科研管理，2019（2）：116-125.

[40] 孙浦阳，李飞跃，顾凌骏.商业信用能否成为企业有效的融资渠道：基于投资视角的分析 [J].经济学（季刊），2014（4）：1637-1652.

[41] 唐松，王俊杰，马杨，等.可抵押资产、社会网络与商业信用 [J].南开管理评论，2017（3）：53-64+89.

[42] 王小鲁，樊纲，余静文.中国分省份市场化指数报告 [M].北京：社会科学文献出版社，2017.

[43] 王雄元，高开娟.如虎添翼抑或燕巢危幕：承销商、大客户与公司债发行定价 [J].管理世界，2017（9）：42-59+187-188.

[44] 王雄元，张春强，何捷.宏观经济波动性与短期融资券风险溢价[J].金融研究，2015（1）：68-83.

[45] 王叙果，沈红波，钟霖佳.政府隐性担保、债券违约与国企信用债利差 [J].财贸经济，2019（12）：65-78.

[46] 王竹泉，王贞洁，李静.经营风险与营运资金融资决策 [J].会计研究，2017（5）：60-67+97.

[47] 徐飞.银行信贷与企业创新困境 [J].中国工业经济，2019（1）：119-136.

[48] 徐小晶，徐小林.财政补贴对企业商业信用融资的影响研究：基于新能源汽车补贴退坡政策的实证分析 [J].南开管理评论，2021（3）：213-226.

[49] 杨大楷，王鹏.盈余管理与公司债券定价：来自中国债券市场的经验证据 [J].国际金融研究，2014（4）：86-96.

[50] 杨洋，魏江，罗来军.谁在利用政府补贴进行创新？：所有制和要素市场扭曲的联合调节效应 [J].管理世界，2015（1）：75-86+98+188.

[51] 姚益龙，刘巨松，刘冬妍.要素市场发展差异、产权性质与异地并购绩效 [J].南开管理评论，2014（5）：102-111.

[52] 余明桂，潘红波.金融发展、商业信用与产品市场竞争 [J].管理世界，2010（8）：117-129.

［53］张杰，高德步，夏胤磊.专利能否促进中国经济增长：基于中国专利资助政策视角的一个解释［J］.中国工业经济，2016（1）：83-98.

［54］张杰，刘元春，翟福昕，等.银行歧视、商业信用与企业发展［J］.世界经济，2013（9）：94-126.

［55］张杰，郑文平.创新追赶战略抑制了中国专利质量么？［J］.经济研究，2018（5）：28-41.

［56］张杰，周晓艳，李勇.要素市场扭曲抑制了中国企业RD？［J］.经济研究，2011（8）：78-91.

［57］张新民，叶志伟，胡聪慧.产融结合如何服务实体经济：基于商业信用的证据［J］.南开管理评论，2021（1）：4-16+19-20.

［58］赵刚，梁土坤，王玉涛.会计稳健性与银行借款契约：来自中国上市公司的经验证据［J］.会计研究，2014（12）：18-24+95.

［59］郑挺国，王霞.中国经济周期的混频数据测度及实时分析［J］.经济研究，2013（6）：58-70.

［60］周铭山，张倩倩，杨丹.创业板上市公司创新投入与市场表现：基于公司内外部的视角［J］.经济研究，2017（11）：135-149.

［61］Abdulla Y，Dang V，Khurshed A. Stock market listing and the use of trade credit：evidence from public and private firms［J］. Journal of Corporate Finance，2017，46：391-410.

［62］Abernathy W，Clark K. Innovation：Mapping the winds of creative destruction［J］. Research Policy，1985，14（1）：3-22.

［63］Acharya V，Baghai R，Subramanian K. Labor laws and innovation［J］. Journal of Law and Economics，2013，56：997-1037.

［64］Acharya V，Subramanian K. Bankruptcy codes and innovation［J］. Review of Financial Studies，2009，22：4949-4988.

［65］Aghion P，Bloom N，Blundell R，et al. Competition and innovation：An inverted-U relationship［J］. Quarterly Journal of Economics，2005，120（2）：701-728.

［66］Aghion P, Reenen J, Zingales L. Innovation and institutional ownership［J］. American Economic Review, 2013, 103（1）: 277-304.

［67］Ahuja G, Lampert C. Entrepreneurship in the large corporation: a longitudinal study of how established firms create breakthrough inventions［J］. Strategic ManAgement Journal, 2001, 21（6-7）: 521-543.

［68］Aktas N, Bodt E D, Lobez F, et al. The information content of trade credit［J］. Journal of Banking & Finance, 2012, 36（5）: 1402-1413.

［69］Allen F, Qian M, Xie J. Understanding informal financing［J］. Journal of Financial Intermediation, 2019, 39: 19-33.

［70］Amable B, Chatelain J, Kalp R. Patents as collateral［J］. Journal of Economic Dynamics and Control, 2010, 34（6）: 1092-1104.

［71］Amason A, Shrader R, Thompson G. Newness and novelty: relating top manAgement team composition to new venture performance［J］. Journal of Business Venturing, 2006, 21（1）: 125-148.

［72］Anderson R, Mansi S, Reeb D. Board characteristics, accounting report integrity, and the cost of debt［J］. Journal of Accounting and Economics, 2004, 37（3）: 315-342.

［73］Anderson R, Mansi S, Reeb D. Founding family ownership and the Agency cost of debt［J］. Journal of Financial Economics, 2003, 68（2）: 263-285.

［74］Arena M, Dewally M. Firm location and corporate debt［J］. Journal of Banking & Finance, 2012, 36（4）: 1079-1092.

［75］Atanassov J, Liu X. Corporate income taxes, pledgeable income and innovation, Working Paper, University of Nebraska, 2016.

［76］Atuahene-Gima K, Murray J. Exploratory and exploitative learning in new product development: a social capital perspective on new technology ventures in China［J］. Journal of International Marketing, 2007, 15（2）: 1-29.

[77] Auh S, Menguc B. Balancing exploration and exploitation: the moderating role of competitive intensity[J] . Journal of Business Research, 2005, 58(2): 1652-1661.

[78] Ayyagari M, Demirguc-Kunt A, Maksimovic V. Firm innovation in emerging markets: the role of finance, governance, and competition[J] . Journal of Financial and Quantitative Analysis, 2011, 46: 1545-1580.

[79] Baber W, Gore A, Rich K, et al. Accounting reStatements, governance and municipal debt financing[J] . Journal of Accounting & Economics, 2013, 56(2-3): 212-227.

[80] Balsmeier B, Fleming L, Manso G. Independent boards and innovation[J] . Journal of Financial Economics, 2017, 123(3): 536-557.

[81] Bao J, Hou K. De facto seniority, credit risk, and corporate bond prices[J] . Review of Financial Studies, 2017, 30(11): 4038-4080.

[82] Baxter N. LeverAge, risk of ruin and the cost of capital[J] . Journal of Finance, 1967, 22(3): 395-403.

[83] Bayar O, Chemmanur T, Liu M. How to motivate fundamental innovation: Subsidies versus prizes and the role of venture capital[J] . Working Paper, Boston College, 2016.

[84] Becker B, Milbourn T. How did increased competition affect credit ratings?[J] . Journal of Financial Economics, 2011, 101(3): 493–514.

[85] Bena J, Kai L. Corporate innovations and mergers and acquisitions[J] . The Journal of Finance, 2014, 69(5): 1923–1960.

[86] Benfratello L, Schiantarelli F, Sembenelli A. Banks and innovation: Micro-econometric evidence on Italian firms[J] . Journal of Financial Economics, 2008, 90(2): 197–217.

[87] Benner M, Tushman M. Exploitation, exploration, and process manAgement: The productivity dilemma revisited[J] . Academy of ManAgement Review, 2003, 28(2): 238–256.

［88］Bharath S，Sunder J，Sunder S. Accounting quality and debt contracting［J］. The Accounting Review，2008，83（1）：1-28.

［89］Bhattacharya U，Hsu P，Tian X，et al. What affects innovation more：Policy or policy uncertainty?［J］. Journal of Financial and Quantitative Analysis，2017，52：1869–1901.

［90］Bierly P，Daly P. Alternative knowledge strategies，competitive environment，and organizational performance in small manufacturing firms［J］. Entrepreneurship Theory & Practice，2010，31（4）：493-516.

［91］Boone A，White J. The effect of institutional ownership on firm transparency and information production［J］. Journal of Financial Economics，2015，117（3）：508-533.

［92］Borisova G，Fotak V，Holland K，et al. Government ownership and the cost of debt：evidence from government investments in publicly traded firms［J］. Journal of Financial Economics，2015，118（1）：168-191.

［93］Boubaker S，Saffar W，Sassi S. Product market competition and debt choice［J］. Journal of Corporate Finance，2018，49：204-224.

［94］Brav A，Jiang W，Ma S，et al. How does hedge fund activism reshape corporate innovation?［J］. Journal of Financial Economics，2018，130（2）：237-264.

［95］Brown J，Martinsson G，Petersen B. Law，stock markets，and innovation［J］. Journal of Finance，2013，68：1517-1549.

［96］Cai K，Zhu H. Customer-Supplier Relationships and the Cost of Debt［J］. Journal of Banking & Finance，2020，110：105686.

［97］Campello M，Gao J. Customer concentration and loan contract terms［J］. Journal of Financial Economics，2017，123（1）：108-136.

［98］Cao Z，Chen S X，Lee E. Does business strategy influence interfirm financing? evidence from trade credit［J］. Journal of Business Research，2022，141：495-511.

［99］Cerqueiro G, Hegde D, Penas M F, et al. Debtor rights, credit supply, and innovation［J］. ManAgement Science, 2017, 63: 3311-3327.

［100］Chan L, Lakonishok J, Sougiannis T. The stock market valuation of research and development expenditures［J］. The Journal of Finance, 2001, 56(6): 2431-2456.

［101］Chava S, Nanda V, Xiao S. Lending to innovative firms［J］. Review of Corporate Finance Studies, 2017, 6(2): 234-289.

［102］Chava S, Oettl A, Subramanian A, et al. Banking deregulation and innovation［J］. Journal of Financial Economics, 2013, 109(3): 759–774.

［103］Chen D, Martin X, Liu X. Bank IPO and lending practices an empirical study in China［J］. Capana Conference Papers, 2016.

［104］Chen H, Huang H H, Lobo G J, et al. Religiosity and the cost of debt［J］. Journal of Banking & Finance, 2016, 70: 70-85.

［105］Chen L, Yue M, Malastesta P, et al. Ownership structure and the cost of corporate borrowing［J］. Journal of Financial Economics, 2011, 99(1): 1-23.

［106］Chen P, He S, Ma Z, et al. The information role of audit opinions in debt contracting［J］. Journal of Accounting Economics, 2016, 61(1): 121-144.

［107］Chen S, Ma H, Wu Q. Bank credit and trade credit: evidence from natural experiments［J］. Journal of banking & finance, 2019, 108: 105616.

［108］Chen T, Liao H, Kuo H, et al. Suppliers' and customers' information asymmetry and corporate bond yield Spreads［J］. Journal of Banking & Finance, 2013, 37(8): 3181-3191.

［109］Chen T, Liao H, Kuo H. Internal liquidity risk, financial bullwhip effects, and corporate bond yield Spreads: supply chain perspectives［J］. Journal of Banking & Finance, 2013, 37(7): 2434-2456.

[110] Chen T, Liao H, Tsai P. Internal liquidity risk in corporate bond yield Spreads[J]. Journal of Banking & Finance, 2011, 35(4): 978-987.

[111] Chen V, Jing L, Shapiro D, et al. Ownership structure and innovation: an emerging market perspective[J]. Asia Pacific Journal of ManAgement, 2014, 31(1): 1-24.

[112] Chen X, Harford J, Li K. Monitoring: which institutions matter?[J]. Journal of Financial Economics, 2007, 86(2): 279-305.

[113] Cheung Y, Tan W, Wang W. Where do banks value corporate social responsibility more? evidence on the role of national culture[J]. Journal of Banking & Finance, 2020, 105810.

[114] Chod J, Lyandres E, Yang S. Trade credit and supplier competition[J]. Journal of Financial Economics, 2019, 131(2): 484-505.

[115] Chu Y, Tian X, Wang W. Learning from customers: Corporate innovation along the supply chain[J]. ManAgement Science, 2017, 65(6): 2445-2466.

[116] Coffee J. Liquidity versus control: the institutional investor as corporate monitor[J]. Columbia Law Review, 1991, 91(6): 1277-1338.

[117] Cole R. Bank credit, trade credit or no credit: evidence from the surveys of small business finances[J]. MpRa Paper, 2010, 24689.

[118] Collin-Dufresne P, Goldstein R, Martin J. The determinants of credit Spread changes[J]. The Journal of Finance, 2001, 56(6): 2177-2207.

[119] Cook L D. Trade credit and bank finance: financing small firms in Russia[J]. Journal of Business Venturing, 1999, 14(5-6): 493-518.

[120] Cornaggia J, Mao Y, Tian X, et al. Does banking competition affect innovation?[J]. Journal of Financial Economics, 2015, 115(1): 189-209.

［121］Cremers M, Nair V, Wei C. Governance mechanisms and bond prices［J］. The Journal of Business, 2003, 76（3）: 455-476.

［122］Cull R, Xu L, Tian Z. Formal finance and trade credit during China's transition［J］. Journal of Financial Intermediation, 2009, 18（2）: 173-192.

［123］Custódio C, Ferreira M, Matos P. Do general managerial skills spur innovation?［J］. Management Science, 2013, 24（4）: 543–570.

［124］D' aveni R. Hypercompetition: Managing the Dynamics of Strategic Maneuvering［M］. Free Press, New York, 1994.

［125］Dechezlepretre A, Einio E, Martin R, et al. Do tax incentives for research increase firm innovation? An RD design for R&D［N］. NBER Working Paper No. 22405, 2016.

［126］Desmet K, Rossi-Hansberg E. Innovation in space［J］. American Economic Review, 2012, 102（3）: 447-452.

［127］Dmello R, Toscano F. Economic policy uncertainty and short-term financing: the case of trade credit［J］. Journal of Corporate Finance, 2020, 101686.

［128］Duffie D, Lando D. Term structures of credit Spreads with incomplete accounting information［J］. Econometrica, 2001, 69（3）: 633-664.

［129］Dutta S, Fan Q. Incentives for innovation and centralized versus delegated capital budgeting［J］. Journal of Accounting & Economics, 2012, 53（3）: 592-611.

［130］Eberhart A, Maxwell W, Siddique A. An examination of long-term abnormal stock returns and operating performance following R&D increases［J］. Journal of Finance, 2004, 59（2）: 623-650.

［131］Ericsson J, Renault O. Liquidity and credit risk［J］. Journal of Finance, 2006, 61（5）: 2219-2250.

[132] Ertugramul M, Lei J, Qiu J, et al. Annual report readability, tone ambiguity, and the cost of borrowing[J] . Journal of Financial & Quantitative Analysis, 2017, 52(2): 811-836.

[133] Fabbri D, Menichini A. Trade credit, collateral liquidation, and borrowing constraints[J] . Journal of Financial Economics, 2010, 96(3): 413-432.

[134] Fan Y. Accounting transparency and the term structure of credit Spreads[J] . Journal of Financial Economics, 2005, 75(1): 53-84.

[135] Fang L, Lerner J, Wu C, et al. Intellectual property rights protection, ownership, and innovation: Evidence from China[J] . Review of Financial Studies, 2017, 30: 2446-2477.

[136] Fang L. Investment bank reputation and the price and quality of underwriting services[J] . The Journal of Finance, 2005, 60(6): 2729-2761.

[137] Ferreira D, Manso G, Silva A. Incentives to innovate and the decision to go public or private[J] . Review of Financial Studies, 2014, 27(1): 256-300.

[138] Fields L, Fraser D, Subrahmanyam A. Board quality and the cost of debt capital: the case of bank loans[J] . Journal of Banking & Finance, 2012, 36(5): 1536-1547.

[139] Forés B, Camisón C. Does incremental and radical innovation performance depend on different types of knowledge accumulation capabilities and organizational size?[J] . Journal of Business Research, 2016, 69(2): 831-848.

[140] Fracassi C, Petry S, et al. Does rating analyst subjectivity affect corporate debt pricing?[J] . Journal of Financial Economics, 2016, 120(3): 514-538.

[141] Francis B, Hasan I, Huang Y, et al. Do banks value innovation? evidence from US firms[J] . Financial Management, 2012, 41(1): 159-185.

[142] Francis B, Hasan I, Wu Q. The impact of CFO gender on bank loan contracting[J]. Social Science Electronic Publishing, 2012, 28(1): 53-78.

[143] Freel M S. Are small innovators credit rationed?[J]. Small Business Economics, 2007, 28(1): 23-35.

[144] Fu R, Kraft A, Tian X, et al. Financial reporting frequency and corporate innovation[J]. The Journal of Law and Economics, 2020, 63(3): 501-530.

[145] Galasso A, Simcoe T. Ceo overconfidence and innovation[J]. Management Science, 2011, 57(8): 1469-1484.

[146] Gao X, Wang X, Tian F, et al. Do significant risk warnings in annual reports increase corporate bond credit Spreads? evidence from China[J]. China Journal of Accounting Research, 2019, 12(2): 191-208.

[147] Garcia-Teruel P, Martinez-Solano P, Sanchez-Ballesta J, et al. The role of accruals quality in the access to bank debt[J]. Journal of Banking & Finance, 2014, 38: 186-193.

[148] Ge Y, Qiu J. Financial development, bank discrimination and trade credit[J]. Journal of Banking & Finance, 2007, 31(2): 513-530.

[149] Ghoul S, Zheng X. Trade credit provision and national culture[J]. Journal of Corporate Finance, 2016, 41: 475-501.

[150] Goss A, Roberts G. The impact of corporate social responsibility on the cost of bank loans[J]. Journal of Banking & Finance, 2011, 35(7): 1794-1810.

[151] Graham J, Si L, Qiu J. Corporate misreporting and bank loan contracting[J]. Journal of Financial Economics, 2008, 89(1): 44-61.

[152] Griffin P, Hong H, Woo R. Corporate innovative efficiency: evidence of effects on credit ratings[J]. Journal of Corporate Finance, 2018, 51: 352-373.

［153］Gu F. Innovation, future earnings, and market efficiency［J］. Journal of Accounting Auditing & Finance, 2005, 20（4）: 385-418.

［154］Gu X, Xin Y, Xu L, et al. Expected stock price crash risk and bank loan pricing: evidence from China's listed firms［J］. Pacific-Basin Finance Journal, 2019, 57: 101166.

［155］Gyimah D, Machokoto M, Sikochi A, et al. Peer influence on trade credit［J］. Journal of Corporate Finance, 2020, 64: 101685.

［156］Hall B, Jaffe A, Trajtenberg M. Market value and patent citations［J］. Rand Journal of Economics, 2005, 36（1）: 16-38.

［157］Hall B, Thoma G, Torrisi S. The market value of patents and R & D: evidence from European firms［N］. NBER Working Paper, 2007.

［158］Hannan M, Freeman J. Structural inertia and organizational change［J］. American Sociological Review, 1984, 49（2）: 149-164.

［159］Hannan M, Freeman J. The population ecology of organizations［J］. American Journal of Sociology, 1977, 82（5）: 929-964.

［160］Hasan I, Hoi C, Qiang W, et al. Beauty is in the eye of the beholder: the effect of corporate tax avoidance on the cost of bank loans［J］. Journal of Financial Economics, 2014, 113（1）: 109-130.

［161］Hasan I, Hoi C, Wu Q, ZHANG H, et al. Social capital and debt contracting: evidence from bank loans and public bonds［J］. Journal of Financial and Quantitative Analysis, 2015, 52（3）: 1-31.

［162］Hasan I, Shen Y, Yuan X. Local product market competition and bank loans［J］. Journal of Corporate Finance, 2021, 102054.

［163］He J, Tian X. Finance and corporate innovation: a survey［J］. Asia-Pacific Journal of Financial Studies, 2018, 47（2）: 165-212.

［164］He J, Tian X. The dark side of analyst coverage: the case of innovation［J］. Journal of Financial Economics, 2013, 109（3）: 856-878.

［165］Helwege J, Huang J, Wang Y. Liquidity effects in corporate bond

Spreads[J]. Journal of Banking & Finance, 2014, 45: 105-116.

[166] Henderson R M. Underinvestment and incompetence as responses to radical innovation: Evidence from the photolithographic alignment industry[J]. Rand Journal of Economics, 1993, 24(2): 248-270.

[167] Hh A, Yl B. Pcaob International inspection access and debt contracting: Evidence from American Depositary Receipt firms[J]. Journal of Accounting and Public Policy, 2022, 106937.

[168] Hirshleifer D, Low A, Teoh S. Are overconfident CEOs better innovators?[J]. Journal of Finance, 2012, 67(4): 1457-1498.

[169] Holmqvist M. Experiential learning processes of exploitation and exploration within and between organizations: An empirical study of product development[J]. Organization Science, 2004, 15(1): 70-81.

[170] Hombert J, Matray A. The real effects of lending relationships on innovative firms and inventor mobility[J]. Review of Financial Studies, 2017, 30(7): 2413-2445.

[171] Hottenrott H, Hall B, Czarnitzki D. Patents as quality signals? The implications for financing constraints on R&D[J]. Economics of Innovation and New Technology, 2016, 25(3): 197-217.

[172] Hou L, Hsueh S, Zhang S. Does formal financial development crowd in informal financing? evidence from Chinese private enterprises[J]. Economic Modelling, 2020, 90: 288-301.

[173] Houston J, Jiang L, Chen L, et al. Political connections and the cost of bank loans[J]. Journal of Accounting Research, 2014, 52(1): 193-243.

[174] Howell S. Financing innovation: Evidence from R&D grants[J]. American Economic Review, 2017, 107: 1136-1164.

[175] Hsu P, Tian X, Xu Y. Financial market development and innovation: Cross-country evidence[J]. Journal of Financial Economics,

2014, 112: 116-135.

[176] Huang Y, Chen C. The impact of technological diversity and organizational slack on innovation[J]. Technovation, 2010, 30(7): 420-428.

[177] Jensen M, Meckling W. Theory of the firm: managerial behavior, agency costs, and ownership structure[J]. Journal of Financial Economics, 1976, 3(4): 305-360.

[178] Jie H, Pham V, Sanchez D, et al. Perceptions of corporate corruption culture and debt contracting[J]. Journal of Corporate Finance, 2021, 71: 102121.

[179] Kalimipalli M, Nayak S, PEREZ M F. Dynamic effects of idiosyncratic volatility and liquidity on corporate bond Spreads[J]. Journal of Banking & Finance, 2013, 37(8): 2969-2990.

[180] Kim J, Song B, Zhang L. Internal control weakness and bank loan contracting: evidence from SOX section 404 disclosures[J]. The Accounting Review, 2011, 86(4): 1157-1188.

[181] Kim O. Does political uncertainty increase external financing costs? measuring the electoral premium in syndicated lending[J]. Journal of Financial and Quantitative Analysis, 2019, 54(5): 2141-2178.

[182] Kong D, Pan Y, Tian G, et al. CEOs' hometown connections and access to trade credit: evidence from China[J]. Journal of Corporate Finance, 2020, 62.

[183] Kuehn L, Schmid L. Investment-based corporate bond pricing[J]. The Journal of Finance, 2011, 69(6): 2741.

[184] Landes D. Revolution in time: Clocks and the making of the modern world[M]. Cambridge, MA: Harvard University Press, 1983.

[185] Landon S. The capitalization of taxes in bond prices: evidence from the market for government of Canada bonds[J]. Journal of Banking & Finance,

2009, 33（12）: 2175-2184.

［186］Landoni M. Tax distortions and bond issue pricing［J］. Journal of Financial Economics, 2018, 129（2）: 382-393.

［187］Lavie D, Rosenkopf L. Balancing exploration and exploitation in alliance formation［J］. Academy of ManAgement Journal, 2006, 49（4）: 797-818.

［188］Lawrenz J, Oberndorfer J. Firm size effects in trade credit supply and demand［J］. Journal of Banking & Finance, 2018, 93: 1-20.

［189］Leonard-Barton D. Wellsprings of Knowledge［M］. Harvard Business School Press, MA: Boston, 1995.

［190］Lerner J. The empirical impact of intellectual property rights on innovation: Puzzles and clues［J］. American Economic Review, 2009, 99: 343-348.

［191］Lev B, Sarath B, Sougiannis T. R & D reporting biases and their consequences［J］. Contemporary Accounting Research, 2004, 22（4）: 977-1026.

［192］Lev B, Sougiannis T. The capitalization, amortization, and value-relevance of R & D［J］. Journal of Accounting and Economics, 1996, 21（1）: 107-138.

［193］Levine R, Lin C, Wei L. Insider trading and innovation［N］. NBER Working Paper No. 21634, 2016.

［194］Levinthal D, March J. The myopia of learning［J］. Strategic ManAgement Journal, 1993, 14: 95-112.

［195］Levitas E, Mcfadyen M. Managing liquidity in research-intensive firms: signaling and cash flow effects of patents and alliance activities［J］. Strategic ManAgement Journal, 2009, 30（6）: 659-678.

［196］Levitt B, March J. Organizational learning［J］. Annual Review of Sociology, 1988.

[197] Lewin A, Long C, Carroll T. The coevolution of new organizational forms[J]. Organization Science, 1999, 10(5): 535-550.

[198] Li P, Tang L, Jaggi B. Social capital and the municipal bond market[J]. Journal of Business Ethics, 2018, 153: 479-501.

[199] Li W, Xu X, Long Z. Confucian culture and trade credit: evidence from Chinese listed companies[J]. Research in International Business and Finance, 2020, 53: 101232.

[200] Li Y, Han Y, Fok R. Do cross-border mergers and acquisitions affect acquirers' trade credit? evidence from an emerging market[J]. International Review of Economics & Finance, 2020, 70: 423-439.

[201] Lin C, Ma Y, Malastesta P, et al. Ownership structure and the cost of corporate borrowing[J]. Journal of Financial Economics, 2011, 100(1): 1-23.

[202] Liu C, Xiao Z, Xie H. Customer concentration, institutions, and corporate bond contracts[J]. International Journal of Finance & Economics, 2020, 25(1): 90-119.

[203] Liu S, Jian S, Wang J, et al. How much of the corporate bond Spread is due to personal taxes?[J]. Journal of Financial Economics, 2007, 85(3): 599-636.

[204] Liu S, Jian S, Wang J, et al. The determinants of corporate bond yields[J]. Quarterly Review of Economics & Finance, 2009, 49(1): 85-109.

[205] Longstaff F, Schwartz E. A simple approach to valuing risky fixed and floating rate debt[J]. The Journal of Finance, 1995, 50(3): 789-819.

[206] Loumiti M. The Use of intangible assets as loan collateral[M]. Harvard Business School, 2012.

[207] Love I, Preve L, Sarria-Allende V. Trade credit and bank credit: evidence from recent financial crises[J]. Journal of Financial Economics,

2007, 83（2）: 453-469.

［208］Lu C, Chen T, Liao H. Information uncertainty, information asymmetry and corporate bond yield Spreads［J］. Journal of Banking & Finance, 2010, 34（9）: 2265-2279.

［209］Luong H, Moshirian F, Nguyen L H, et al. How do foreign institutional investors enhance firm innovation?［J］. Journal of Financial and Quantitative Analysis, 2017, 52（4）: 1449-1490.

［210］Lvarez-Botas C, GONZALEZ V. Does trust matter for the cost of bank loans?［J］. Journal of Corporate Finance, 2020, 66: 101791.

［211］Makri M, Hitt M, Lane P. Complementary technologies, knowledge relatedness, and invention outcomes in high technology mergers and acquisitions［J］. Strategic ManAgement Journal, 2010, 31（6）: 602-628.

［212］Mann W. Creditor rights and innovation: evidence from patent collateral［J］. Journal of Financial Economics, 2018, 130（1）: 25-47.

［213］Manso G. Motivating innovation［J］. Journal of Finance, 2011, 66（5）: 1823-1860.

［214］March J. Exploration and exploitation in organizational learning［J］. Organization Science, 1991, 2（1）: 71-87.

［215］Matolcsy Z, Wyatt A. The association between technological conditions and the market value of equity［J］. Accounting Review, 2008, 83（2）: 479-518.

［216］May A. The impact of bond rating changes on corporate bond prices: new evidence from the over-the-counter market［J］. Journal of Banking & Finance, 2010, 34（11）: 2822-2836.

［217］Mcgrath R. Exploratory learning, innovative capacity and the role of manAgerial oversight［J］. Academy of Management Journal, 2001, 44（1）: 118-131.

［218］Merton R. On the pricing of corporate debt: the risk structure of interest rates[J] . Journal of Finance, 1974, 29(2): 449-470.

[219] Mitchell W, Singh K. Death of the lethargic: effects of expansion into new technical subfields on performance in a firm's base business[J] . Organization Science, 1993, 4(2): 152-180.

[220] Modigliani F, Miller M. Corporate income taxes and the cost of capital: a correction[J] . American Economic Review, 1963, 53(3): 433-443.

[221] Modigliani F, Miller M. The cost of capital, corporation finance and the theory of investment[J] . American Economic Review, 1958, 48(4): 443-453.

[222] Morgan R, Berthon P. Market orientation, generative learning, innovation strategy and business performance inter-relationships in bioscience firms[J] . Journal of ManAgement Studies, 2008, 45(8): 1329-1353.

[223] Moser P. Patent laws and innovation: Evidence from economic history[N] . NBER Working Paper No. 18631, 2012.

[224] Mukherjee A, Singh M, ZALDOKAS A. Do corporate taxes hinder innovation?[J] . Journal of Financial Economics, 2017, 124: 195-221.

[225] Myers S, Majluf N. Corporate financing and investment decisions when firms have information that investors do not have[J] . Journal of Financial Economics, 1984, 13(2): 187-221.

[226] Myers S. Determinants of corporate borrowing[J] . Journal of Financial Economics, 1977, 5(2): 147-175.

[227] Peng J. Do investors look beyond insured triple-A rating? An analysis of Standard & Poor' s underlying ratings[J] . Public Budgeting & Finance, 2002, 22(2): 115-131.

[228] Peter T. Get innovative or get dead[J] . California Management Review, 1990, 33(2): 9-26.

[229] Petersen M, Rajan R. Trade credit: theories and evidence[J] . Review of Financial Studies, 1997, 10(3): 661-691.

［230］Qian J, Strahan P. How laws and institutions shape financial contracts: the case of bank loans［J］. Journal of Finance, 2007, 62（6）: 2803-2834.

［231］Radner R. A behavioral model of cost reduction［J］. Bell Journal of Economics, 1975, 6（1）: 196-215.

［232］Ramey V. The source of fluctuations in money: evidence from trade credit［J］. Journal of Monetary Economics, 1992, 30（2）: 171-193.

［233］Rosenkopf L, Nerkar A. Beyond local search: boundary-spanning, exploration, and impact in the optical disk industry［J］. Strategic ManAgement Journal, 2001, 22（4）: 287-306.

［234］Sah N, More D. Dual class firms and trade credit［J］. Finance Research Letters, 2021, 102303.

［235］Salomo S, Talke K, Strecker N. Innovation field orientation and its effect on innovativeness and firm performance［J］. Journal of Product Innovation ManAgement, 2008, 25（6）: 560-576.

［236］Schmidt J, Calantone R. Are really new product development projects harder to shut down?［J］. Journal of Product Innovation Management, 1998, 15（2）: 111-123.

［237］Schumpeter J. The Theory of economic development［M］. *Cambridge*: Harvard University Press, 1991.

［238］Schweizer D, Walker T, ZHANG A. False hopes and blind beliefs: how political connections affect China's corporate bond market［J］. Journal of Banking & Finance, 2020, 106008.

［239］Scott J. A theory of optimal capital structure［J］. Bell Journal of Economics, 1976, 7（1）: 33-54.

［240］Sengupta P. Corporate disclosure quality and the cost of debt［J］. The Accounting Review, 1998, 73（4）: 459-474.

［241］Smith M. Shareholder activism by institutional investors: evidence from CalPERS[J] . Journal of Finance, 1996, 51 (1): 227-252.

[242] Smith W, Tushman M. Managing strategic contradictions: a top manAgement model for managing innovation streams[J] . Organization Science, 2005, 16 (5): 522-536.

[243] Stiglitz J. Intellectual property rights, the pool of knowledge, and innovation[N] . NBER Working Paper No. 20014, 2014.

[244] Tadesse S. Innovation, information, and financial architecture[J] . Journal of Financial and Quantitative Analysis, 2006, 41: 753-786.

[245] Tan Y, Tian X, Zhang X, et al. The real effects of privatization: evidence from China's split share structure reform[R] . Working Paper, Shanghai University of Finance and Economics, 2016.

[246] Tang D, Hong Y. Market conditions, default risk and credit Spreads[J] . Journal of Banking & Finance, 2010, 34 (4): 743-753.

[247] Tian X, Wang T. Tolerance for failure and corporate innovation[J] . Review of Financial Studies, 2014, 27: 211-255.

[248] Tsai M, Huang Y. Exploratory learning and new product performance: the moderating role of cognitive skills and environmental uncertainty[J] . Journal of High Technology ManAgement Research, 2008, 19 (2): 83-93.

[249] Tushman M, Anderson P. Technological discontinuities and organizational environments[J] . Administrative Science Quarterly, 1986, 31 (3): 439–465.

[250] Ullah B. Firm innovation in transition economies: the role of formal versus informal finance[J] . Journal of Multinational Financial Management, 2019, 50: 58-75.

[251] Utterback J. Mastering the dynamics of innovation[M] . Cambridge, MA: Harvard Business School Press, 1994.

[252] Valta P. Competition and the cost of debt[J] . Journal of Financial

Economics, 2012, 105（3）: 661-682.

［253］Wang L, Su Z, Fung H, et al. Do CEOs with academic experience add value to firms? evidence on bank loans from Chinese firms［J］. Pacific-Basin Finance Journal, 2021, 67（3）: 101534.

［254］William J. The Free-Market Innovation Machine: Analyzing the Growth Miracle of Capitalism［M］. Princeton, NJ: Princeton University Press, 2002.

［255］Wu W, Firth M, Rui O. Trust and the provision of trade credit［J］. Journal of Banking & Finance, 2014, 39: 146-159.

［256］Wu W. Liquidity risk and expected corporate bond returns［J］. Journal of Financial Economics, 2011, 99（3）: 628-650.

［257］Xu Q, Tan C, Jiang C, et al. Surname relationship and trade credit: evidence from China［J］. Research in International Business and Finance, 2022, 60: 101577.

［258］Yang X. Trade credit versus bank credit: evidence from corporate inventory financing［J］. Quarterly Review of Economics & Finance, 2011, 51（4）: 419-434.

［259］Ying G, Qiu J. Financial development, bank discrimination and trade credit［J］. Journal of Banking & Finance, 2007, 31（2）: 513-530.

［260］Zerbib O. The effect of pro-environmental preferences on bond prices: evidence from green bonds［J］. Journal of Banking & Finance, 2019, 98: 39-60.

［261］Zhang H, Wang G. Reversal effect and corporate bond pricing in China［J］. Pacific-Basin Finance Journal, 2021, 70: 101644.

［262］Ziebart D, Reiter S. Bond ratings, bond yields and financial information［J］. Contemporary Accounting Research, 1992, 9（1）: 252-282.

后　记

本书是在我博士论文基础上修改而成的。时光飞逝，不觉博士毕业已近两年时间。回望在天府之都柳林湖畔的求学时光，好似昨日重现，在脑海里不断回放，思绪万千。往昔岁月的美好与珍贵承载了柳林的春花烂漫、夏风徐徐、秋色斑斓、冬阳和煦，心内的感动与温暖不禁湿润了眼眶，无以言表。再回首，想说的感恩、感激、感谢太多。虽说，在深触心底的情感面前，多华丽的辞藻也显得太过苍白，但我仍然想借拙朴的言语向人生中遇见的美好献上致谢。

首先，特别感谢我的导师罗宏教授。恩师满腹经纶，好似静水流深不见底，总是给我以最悉心的指导与教诲。恩师治学严谨，孜孜不倦，三十载三尺讲台呕心沥血、以小见大、化繁为简，无不彰显深厚内功。恩师为人谦和、处事谨慎、关爱学生、默默付出，却从不表达，从不要求。对于我，恩师更是给予了极大的支持、帮助和关爱。在学术上，恩师不嫌我资质愚钝，将我收入门下，帮助我建立科研信心，激励我多想、多做、多交流，积极思考中国大地上顶天立地的研究，让我深刻感受到科研工作者的魅力和担当。在生活上，恩师对我关照有加，不仅亲自为我解决生活难题，还时常叮嘱同门关心我的身体状况。回望过往与恩师相处的画面，一帧一帧不绝于眼前，只憾时光太快，离别太匆忙，更是感慨这一生，能遇到这样一位满腹经纶、严谨治学、谦和温暖的导师，尽心、尽力、尽意地教导我、关爱我，是多么幸运，多么幸福！然而，幸福的同时，也有些许遗憾，遗憾自己愚钝未能将恩师所传更深地领受，遗憾自己生性腼腆未能与恩师更多地交流，遗憾自己未能体悟恩师的一番苦心。在此，我想对我的恩师说，"遇见您是幸运的、美好的，您对科研的严谨、热情与孜孜不倦的追求是我努力想要追求的，您在生活中善于发现美、传递美的态度也是我乐意

170

追随的"。

其次，感谢所有曾经帮助过我的学术前辈，吉利教授、金智教授、赖黎副教授在我博士论文开题答辩中给予建设性的意见。感谢会计学院马永强教授、唐雪松教授、蔡春教授等在我读博期间精彩的授课，让我深受触动，开阔了视野，深化了我对科研的理解。感谢他们在我求学生涯中给我的帮助、为我传道授业解惑。感谢香港理工大学曾晓亮教授、德克萨斯大学达拉斯分校李宁忠教授、美国佐治亚理工学院况熙教授，有幸聆听各位老师的短课使我受益匪浅。同时，感谢辅导员刘砚琛、王旭老师，感谢他们一直以来对我的关心与照顾。

再次，感谢陪伴我度过这段难忘的博士求学生涯的同门。感谢曾永良、秦际栋、贾秀彦、杨行、陈坤、吴君凤、黄婉、梁情文、王治、陈韵竹、白雨凡、刘天红、乔慧颖等同门师兄弟姐妹。我们一起在工作室学习，一起去食堂吃饭，一起讨论学术文献，一起出游玩耍，一同收获成长。感谢所有同门，遇见你们是我成长道路上最大的幸运、幸福，你们给我的温暖与支持，激励我继续前行！

最后，我要感谢我的家人，毫无保留地爱我、支持我、鼓励我。父母亲一直是我最坚强的后盾，爱我所爱，忧我所忧，不遗余力地奉献自己的一切。他们对我的教诲一直铭记在心，良师益友虚心请教，学当有志且有恒。感谢哥嫂一直以来对我的关心和爱护，对父母双亲的照顾，让我可以安心奔赴前行。感谢可爱的小侄女期期，你的到来给我带来了许多欢乐的时光。感谢我的先生，从校园相识到成为家人，是上苍给我们彼此的祝福与支持！